CHIOS
INUSSES - PSARA   Die duftende Insel

Die Wiederveröffentlichung oder der Nachdruck des vorliegenden Werkes als Ganzes oder einzelner Teile daraus in vollständiger oder teilweiser Form ist in jedem Medium untersagt wie auch die Übersetzung oder Bearbeitung oder Nutzung in jeder Reproduktionsform von Wort oder Kunst gemäss den Bestimmungen von Gesetz 2121/1993 und des internationalen Abkommens Bern-Paris, das mit Gesetz 100/1975 in Kraft trat. Untersagt ist gleichfalls die Reproduktion von Satz, Seitengestaltung, des Titelblattes und generell der allgemeinen äusseren Erscheinung des Buches durch Fotokopie, elektronische oder andere Verfahren gemäss Artikel 51 des Gesetzes 2121/1993.

© Copyright 1997   VERLAG MICHALIS TOUBIS S.A.
Nisiza Karela, Koropi, Attiki
Telephone: +30 210 6029974, Fax: +30 210 6646856
Web Site: http://www.toubis.gr

ISBN: 960-540-234-3

Ausschließliche Rechte auf Chios sind vorbehalten durch "ANEMOS" Benettos Giannis - Galatoulas Giorgos S.A., Chiou Karfa, Kondari, 82100 Chios. Tel.: 22710 - 22666, 22710 - 22780. Fax: 22710 - 81555.

"Schöne Insel!
Und spreche ich
nur deinen Namen aus,
übergießen mich dein
Blütenund dein Rosenwasser..."

G. Drossinis

INHALT

1. CHIOS
Die duftende Insel 10
Natur und Lage 16
Boden - Klima . . . . 18 -19
Lage und Landstruktur 20
Landkarte der Insel 21

2. GESCHICHTE VON CHIOS
Altertum 22
Byzantinische Zeit 27
Türkenherrscaft und Neuere Zeit 28

3. KULTUR & TRADITION 32
Sitten und Bräuche 34
Tänze 35
Ostern 36
Hochzeit 37
Örtliche Trachten 39
Menschen & Beschäftigungen 40
Literatur & Kunst 44
Architectur 46
"Xysta" 48
Kirchen und Klöster 51
Der Mastix und die Mastixdörfer 53

4. DIE STADT CHIOS
Geschichte der Stadt 56
Lagepläne der Stadt 61
Das Kastro (Die Burg) 62
Die moderne Stadt 64
Koraïs Bibliothek 64
Ethnologisches und Volkskunstmuseum . . . 65
Bella Vista 65
Kambos 66

5. SÜDOST CHIOS 68
Kloster der Heiligen Konstantin und Helene . 70
Karfas - Aghia Ermioni 70
Megas Limnionas - Thymiana 70
Aghii Anargyri - Nechori 71
Aghios Minas - Aghia Fotia - Kallimassia . . 75
Katarraktis - Nenita - Wuno 75
Didyma - Aghia Matrona 76
Kalamoti 76
Komi - Lilikas 77

INHALT

6. SÜD CHIOS 78
Wavyli - Panaghia i Krina............ 80
Sklawia - Panaghia i Sikeliä 80
Armolia 80
Emborio 81
Mavros Gialos..................... 82
Dotia - Wrulidia 83
Pyrgi 84
Fana - Olympi 90
Mesta 91
Limenas Meston 94
Wessa - Aghios Georgios Sykoussis...... 94

7. ZENTRAL CHIOS 96
Karyes............................ 98
Panaghia Kurnia 98
Nea Moni 98
Aghii Pateres 102
Avgonyma....................... 102
Anawatos 102
Elinda - Lithi 104

8. NORDOST CHIOS 106
Wrontados....................... 108
Daskalopetra - Panagia Myrtidiotissa..... 110
Sykiada - Pantoukios.............. 110
Langada 111
Kardamyla....................... 112
Nagos - Amades - Wiki 114
Fyta - Kiporgies.................. 114
Kloster Mundon.................. 114
Pityos 115

9. NORDWEST CHIOS 116
Katawasi - Sidirounda - Metochi 118
Wolissos 118
Aghia Markella................... 120
Aghio Gallas 120

10. UMLIEGENDE INSELN 122
Psara............................ 124
Inusses 125

Praktische Hinweise 126
Wie erreicht man Chios 127

Windmühlen, Zeugen des Wohlstands und der Tradition der Insel. Dahinter die kleinasiatische Küste (Chora).

1 CHIOS

*Die Insel der Mastixbäume, der Jasminen und der berauschenden Dufte, die Insel mit den Gärten und den Orangenbäumen,
die Fürsteninsel mit den steinernen Palästen und den mit Kieselsteinen bepflasterten Höfen, mit den einzigartigen Dörfern und ihren Türmen.
Wie Chios gibt es keine andere Insel in der Aegäis.
Es ist ein Ort mit uralter Geschichte, eine Kreuzung großer Kulturen, eine der wichtigsten Handelsstationen des Mittelalters und der Zeit der Türkenherrschaft. Sie war ein großes Zentrum griechischen Geistes, die Heimat großer Lehrer und Schriftsteller, Homers, von Adamantios Korais, Neofytos Vamvas, Jannis Psycharis, Mavrokordatos, G. Theotoka, Emmanuel Roidis und Lambros Porfyras.
Sie wurde beneidet von den alten Herrschern, geliebt von den Genuesern und den Europäern, anfangs verehrt, sogar von den Türken. Sie wurde gelobt von
ausländischen Reisenden, aber es fiel auch der Neid des Schicksals auf sie. Alle, die sie heute kennen, bewundern sie. Denn ihre Natur ist rein und unbefleckt geblieben, ihr Klima ist mild, ihr Meereswasser kristallklar und ihre Farbe einmalig.
Lernen Sie sie kennen und lassen Sie sich verwöhnen von der einzigartigen Atmosphäre, die sie ausstrahlt.*

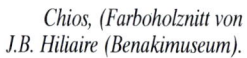

Chios, (Farboholznitt von J.B. Hiliaire (Benakimuseum).

die duftende Insel

Ihre Menschen bleiben echt, zuversichtlich, fröhlich, als ob die chiotische Natur selbst sie mit einer furchtbaren Kraft ausgestattet hätte, zu kämpfen, aber auch das Leben von seiner guten Seite zu sehen. Diese Menschen sind gastfreundlich gegenüber den Fremden und bieten ihnen großzügig von ihrem Hab und Gut an. Chios erschöpft sich nicht im Genuß eines schönen Strandes. Es stellt eine vielseitige Persönlichkeit mit beeindruckenden Charakteristika dar. Es legt eins nach dem anderen seine Geheimnisse denjenigen Romantikern offen, die die Nachforschungen in alten Traditionen und Kulturen lieben. Alle anderen werden von ihm durch seine authentische Farbe und durch die Gelassenheit seiner Lebensrythmen fasziniert.

Die alten, mittelalterlichen Ortschaften von Chios besitzen viele malerische Häuser aus Stein und überdachte Gassen. Von einzigartiger Schönheit ist Pirgi, desen Häuser in aussergewöhnlicher Weise geschmückt sind.

In den mittelalterlichen Ortschaften von Chios geht das Leben seinen eigenen Rhythmus wie hier in dem schönen Dorf Olimpü.

Natur und Lage

Das milde Klima der Insel mit dem kühlen Sommer, in Verbindung mit den kristallklaren Gewässern der Aegäis sowie der Reichtum an kultureller Tradition Chios´ ziehen jährlich immer mehr Besucher an.

Die duftverbreitende Insel der Aegäis verbindet die ruhige und die wilde Landschaft mit Abwechslungen, die den Besucher entspannen.

Die Nordseite von Chios, die sogenannte Voriochora, hat ihre eigene, wilde Schönheit. Hohe, zerklüftete Felsen ragen aus dem Meer heraus und bilden das Pelineo Gebirge, das bis zu der für eine Insel seltene Höhe von 1297 Meter reicht.

Der Boden ist hier steinig und verhältnismäßig arm. Die dichten Pinienwälder, die früher einen großen Teil des Gebietes bedeckten, sind heute durch die vernichtenden Brände sehr stark ausgedünnt.

Auf der Nordwestseite der Insel, in Aghios Galas, gibt es Höhlen, die miteinander kommunizieren. Hier sind beeindruckende Stalaktiten gefunden worden.

In diesen Höhlen, die zu ihrem größten Teil unerforscht sind, wurden menschliche Spuren aus der Steinzeit entdeckt.

Das Gebirgsmassiv wird niedriger je mehr es sich auf die Mitte der Insel ausdehnt und die Landschaft wird weniger rauh, um schließlich im Süden bei flachen, sanften Hügeln zu enden.

Auf der Ostseite, nahe der Stadt Chios, erstreckt sich zwischen den Bergen und dem Meer die größte und fruchtbarste Ebene der Insel, die sogenannte Kambochora. Das Gebiet ist voll von Obstbäumen, hauptsächlich Zitrusbäumen. Endlose Gärten mit duftenden Orangen-, Zitronen- und Mandarinenbäumen, mit blühenden Mandelbäumen, reiche Weinfelder, blumenübersähte, bunte Gärten verbreiten im Frühling ihre verführerischen Dufte. **In dieser Jahreszeit blühen auch die sehr seltenen Tulpen der Insel. Von Mitte März bis Ende April wachsen die sogenannten "lalades" zu Tausenden überall, auf den Wiesen, auf den Feldern, selbst auf unfruchtbarem Boden und bieten ein einzigartiges Spektakel.** Die drei Sorten von Tulpen (Tulipa agenesis, praecox, undulatipolia) ähneln sich in ihrer roten Farbe. Letztere Sorte ist eine seltene. Aber auch die chiotische Tulpe läßt mit ihren weißen und purpurroten Blüten nichts an Schönheit übrig.

Es gibt natürlich auch andere seltene Wieseblumen, die Chios für ihre Blüte auswählen, wie das persische Alpenveilchen und bestimmte Sorten Orchideen.

Alles zusammen schafft jeden Frühling einen magischen Teppich, eine Farbenpracht, die keinen Besucher gleichgültig lässt.

Außer der üppigen Vegetation beherbergt Chios auch wichtige Hauptdarsteller aus dem Tierreich, wie z.B. die stolzen Rebhühner. Früher lebten sie zu Tausenden auf der Insel. Die Einwohner hatten sie gezähmt und sie wie die Hühner gezüchtet. Heute, obwohl natürlich die Flora eingeschränkt ist, treffen wir genügend seltene Vogelsorten an, nachdem sie vom Norden in den Süden oder umgekehrt auswandern.

Solche Vögel sind der Türkenkäfer, der Pirol, die Schneedrossel und andere.

Im Südteil der Insel ändert sich die Bodenbeschaffenheit. Der Boden bildet flache Hügel und zwischen ihnen kleine Täler.

So entsteht der auf der ganzen Welt einmalige Ort für den Anbau des Chios-Mastix.

Das Mastix-Gebiet (Mastichochora) ist voll von dieser Art von Mastixbäumen, die das berühmte duftende Harz, den seltenen Mastix herstellen. Neben den Mastixbäumen treffen wir im Süden, aber auch im Westen der Insel, unzählige Olivenhaine mit reichhaltiger Frucht an.

Die Vegetation wird vervollständigt durch die niedrigen Mittelmeerbüsche. Die Insel verfügt nicht über viele oberirdische Wasser, außer einigen kleineren Flüssen, hauptsächlich im Norden und in der Mitte. Die Regenfälle, insbesondere im Sommer, sind selten. Es gibt aber zahlreiche unterirdische Wasser, die an klaren Quellen enden bzw. aus Brunnen gepumpt werden. Im Norden der Insel, nahe dem Dorf Keramos, ist der Unterboden reich an verwertbaren Antimonium-Vorkommen.

Etwas weiter, in Agiasmata gibt es schwefel- und eisenhaltige Heilquellen.

Dotia, die fruchtbarste Mastix-Ebene im Süden von Chios.

Die Küsten von Chios bilden zahlreiche schöne Strände rund um die Insel. Sie sind alle blitzsauber, die meisten mit Kieselsteinen belegt und einladend für den Besucher, der das kühle kristallklare Wasser genießen und seine zauberhafte Tiefe erforschen möchte. Es ist augenscheinlich, daß die Natur diese Insel besonders großzügig beschenkt hat. Das gleiche gilt auch für das Wetter. Chios ist einer der sonnigsten Orte des Mittelmeeres. Die Insel steht an erster Stelle der Schönwetterkarte von ganz Griechenland. Ihr Klima ist mild, mediterran. Der Sommer verläuft kühl und leicht dank dem ständigem Nordwind, mit einer Temperatur, die 28 Grad nicht übersteigt. Dementsprechend ist der chiotische Winter warm und mild mit 10 Grad Durchschnittstemperatur im Januar.

Die herrlichen, faszinierenden Strände der Insel er lauben mit ihrem völlig klaren Wasser einen Blick in geheimnisvolle Tiefen.

Als Insel der östlichen Aegäis liegt Chios nur sehr wenig von den Küsten Kleinasiens entfernt. Kaum 3,5 Seemeilen trennen sie vom Kap Punta bis zur Halbinsel von Erythrea auf der Höhe von Cesme. Sie befindet sich zwischen Lesbos nach Norden und Ikaria nach Süden.
Chios hat eine Fläche von 842 Quadratkilometern, ihre Küsten sind 213 Kilometer lang. Ihre ständigen Einwohner sind heute ca. 50.000. Die Stadt Chios, die Hauptstadt der Insel, umfasst ungefähr die Hälfte der Gesamtbevölkerung. Die Form der Insel ist länglich und von Nord nach Süd ausgerichtet.
Deshalb hieß Chios früher auch Makri. Die Insel wird geteilt in die Voriochora, den nördlichen, gebirgigen und dünn bewohnten Teil, die Kambochora, den mittleren und östlichen Teil mit der Stadt Chios und die reichen Dörfer des Kambos und in die Mastixchora, den südlichen Teil der Insel mit den Mastixbäumen und den malerischen mittelalterlichen Dörfern der Anbauer. Der höchste Berggipfel der Insel befindet sich im Pelineo-Gebirge im nördlichen Teil und erreicht 1297 Meter. Der wichtigste Handelshafen ist der Hafen der Stadt Chios, der sehr bald in der Lage sein wird, auch Privatboote und Yachten aufzunehmen. Kleinere Häfen sind Marmaro im Nordosten, in der Nähe von Kardamyla, der Hafen von Mesta im Südwesten und Limnia im Westen.
Die Wirtschaft der Insel stützt sich hauptsächlich auf die Schiffahrt, den Mastixanbau sowie auf die übrige Landwirtschaft und weniger auf die Fischerei und die Viehzucht.
Im Nordosten der Insel befindet sich ein Komplex kleinerer Inseln, bestehend aus Inusses, Passas, Pontikonissi und Vatos. Von Inusses stammen viele bedeutende Seeleute und Reeder.
Auf der anderen Seite der Insel, im Nordwesten finden wir die Heldeninsel Psara und die Insel Antipsara.

GESCHICHTE
Vom Altertum bis zur Neueren Zeit

Altertum

Eine Insel der Aegäis, so nah an den Küsten Kleinasiens, mit mildem Klima und fruchtbarem Boden wie die Insel Chios, mußte bereits in sehr frühen Zeiten, ab der Steinzeit, das Interesse auf sich lenken. Dies bezeugen neolithische Funde aus dem Jahre 3000 v.Chr., die in Spileo (Höhle), in der Gegend von Aghios Galas in Nord-Chios entdeckt wurden. Neuere Spuren der Ersthelladischen Zeit (2600-2000 v.Chr.) wurden im Süden, in Emborio gefunden, während andere Funde aus der mykenischen Zeit, die in Fana und in der Stadt Chios zum Vorschein kamen, die ständige Existenz von Leben auf der Insel bestätigen. So wird auch die historische Wahrheit der Sagen bestätigt, die als ersten Bewohner Chios' Inopionas aus Kreta, den Enkel Minos', erwähnen. Man sagt, daß er derjenige war, der den Bewohnern die Kunst der Rebenzucht und des Weinbaus gelehrt hat. Eine Version besagt, daß die Insel ihren Namen von der Tochter von Inopionas, Chiona, erhalten hat. Anderen Auffassungen zufolge stammt der Name Chios von einem phönizischen Wort, das Mastix bedeutet. Chios wurde auch Pitioussa genannt wegen der großen Pinienwälder, die ihren nördlichen Teil bedeckten, aber auch Ofioussa wegen der großen Zahl von Schlangen, die im Altertum in ihren Wäldern lebten. Erster König von Chios war Amfiklos oder Amfialos, der aus Istiea / Euböa dort landete, einem Orakelspruch folgend. Wenig später besiedeln die Ionier aus der Kleinasiatischen Küste Samos. Nach Kämpfen besiegen sie die Karen und die Avanten, die die Insel bewohnten und vereinigen Chios mit Panionion durch den Zusammenschluß aller Städte des damaligen Ioniens. Der Stadt Chios gelingt es schnell, ihren Einfluß auf die gesamte Insel geltendzumachen. Um das 7. Jahrhundert v.Chr. entwickelt

Kopf der Kore Boston (Abguss) Archäolog. Museum von Chios.

sich Chios zu einer großen Seemacht und verbindet sich eng sowohl kommerziell, wie auch kulturell, mit den Städten Ioniens. Zu dieser Zeit erfährt die Insel auf allen Gebieten eine große Blüte. Als Vaterland, nach der wahrscheinlicheren Version Homers, hat Chios die Rapsodiensänger Homeriden inspiriert, die als Schüler des großen Lehrers gelten. Auf der Insel wurde im 6. Jahrhundert auch eine Bildhauerschule der berühmten Familie von Mikiadis, Archermos, Vupalos, Glafkos und vieler anderer gegründet. Zur selben Zeit wurde der berühmte Tempel von Faneos Apollon, nahe der Bucht von Fanon, im Süden Chios erbaut. Überreste, die heute im Archäologischen Museum der Stadt Chios aufbewahrt werden, bezeugen seine herausragende Baukunst.

Ein außergewöhnliches Beispiel der archaischen Tonkunst aus dem Friedhof in Lithi.

Um 600 v.Chr. wurde auf der Insel die "Große Klausel", die Statuten der chiotischen Staatsform, die die erste Demokratie auf der Welt war, eingeführt. Man sagt, Solon habe die Insel besucht und viele Grundsätze aus ihrer Staatsform bei den später von ihm für Athen geschaffenen Institutionen verwandt. Die lange Periode des Friedens, des Wohlstands und des Fortschritts kam den Chioten, "den reichsten der Griechen", wie der Historiker der Antike Thukidides berichtete, sehr zugute. Ihr luxuriöser Lebenswandel nahm sprichwörtliche Formen an und wurde bekannt als "chiotisches Leben", während ihr lustiger und unbekümmerter Charakter "chiotisches Lachen" genannt wurde. Chios hat nie bezweckt, eigene Kolonien zu gründen. Stattdessen gründete es die sogenannten "emboria", Handelsplätze, wie in Nafkrati / Ägypten. Chios selbst war ein riesiges Handelszentrum. Parallel aber zum Handel und den Transporten sorgte es auch für die Entwicklung seiner einheimischen Produktion, die seine berühmten Weine und seinen Mastix, der als Grundstoff für Arzneien diente, umfasste. Die Blüteperiode unterbrach jedoch der persische Expansionismus. Der Perserkönig Darius ersetzte das bis zu diesem Zeitpunkt eher lockere Untertanenverhältnis durch ein hartes Knechtschaftsverhältnis und setzte Tyrannen in den ionischen Städten ein. Mit Ausbruch der Ionischen Revolution, 499 v.Chr., vertreiben die Chioten den Tyrannen Stratti und leisten bei der Seeschlacht von Ladi heftigen Widerstand gegen die Perser. Der Fall aber der starken ionischen Stadt Militon, verändert den Ausgang des Krieges und führt zur Besetzung der Insel durch die Perser, 493 v.Chr. In der Seeschlacht von Salamis wurden die Chioten gezwungen, auf der Seite der Perser zu kämpfen. Nach dem Krieg und nach dem Sturz des Tyrannen Stratti wurde Chios Mitglied des "Athenischen Bündnisses". Über mehrere Jahre konnte es seine Unabhängigkeit genießen und erlebte eine zweite Blütezeit dank seiner richtigen

Darstellungen der Göttin Kyveli,

(Archäologisches Museum von Chios).

Thukidides berichtet in Einzelheiten über die Abtrünnigkeit Chios' und dessen Wendung an Sparta. Danach streiten die Athener und die Spartaner um den Einfluss auf die Insel bis die Chioten, nach dem Antalkidios-Frieden, wieder mit den Athenern Verbündete werden. In den Jahren des Feldzugs Alexanders des Großen (334 - 331 v.Chr.) lässt sich auf der Insel eine mazedonische Wache nieder. Später, in den Jahren der Nachfolger Alexanders des Großen entfernt sich das Zentrum der hellenistischen Welt von der Aegäis und Chios beginnt zu verfallen. Vom Einfluß Ptolemäus' I. aus Ägypten geht die Insel auf die Seleukiden und auf Pergamos über. Anschließend wird sie von Philipp V. aus Mazedonien erobert und nach der Schlacht von Magnesia, 189 v.Chr., erwirbt sie ihre Unabhängigkeit wieder. Um 190 v.Chr. schließen die Chioten ein Bündnis mit den Römern und helfen ihnen, die Übermacht über die Seleukiden Syriens zu gewinnen. Auf diese Weise erwirbt Chios große Privilegien. In den Mithridatischen Kriegen bleibt Chios auf der Seite der Römer, deshalb wird es auch zerstört. Syllas indessen besiegt 84 v.Chr. Mithridat und befreit die Insel. In den ersten nachchristlichen Jahren herrschen Armut und Elend auf Chios, genauso wie auf allen Inseln der Ägäis. Es sind nur ganz wenige historische Daten über diese Zeit vorhanden. Die Erdbeben und später die Seuchen rotten die Insel aus.

Verwaltung, seiner Seemacht, dem Handel und den vielen Arbeitshänden der Sklaven. Berühmt in der gesamten, damals bekannten Welt, waren die Chia Keramia, Tongeschirr, und die "Chiourgis Kline", Betten, von Chios, so genannt wegen ihrer Kunst und ihrem Luxus. In derselben Zeit entwickelt sich die Literatur mit dem großen Schriftsteller Ionas Tragikos und den Historiker Theopompos als ihre Hauptvertreter. Der Peloponnesische Krieg trifft den Wohlstand der Insel und findet Chios an der Seite der Athener, denen es bis zu deren Vernichtung in Sizilien treu bleibt.

Bei Ausgrabungsarbeiten in der Nähe der Stadt Chios ist kürzlich der Mosaik-Fußboden eines Atriums freigelegt worden, das zu einem Bauwerk der spätrömischen Zeit gehörte.
Es handelt sich um acht Tafeln mit Motiven aus der Jagd gegen wilde Tiere und aus der Palästra (Kampfplatz), die umrahmt sind von fünf Streifen aus schwarzen und roten geometrischen Motiven.
Das Plastische der Figuren, die Farbkontraste und die realistische Wiedergabe der Spannung in den Bewegungen machen dieses Werk besonders wichtig für das Studium der archaischen Kunst von Chios.

Eindrucksvolle römische Mosaiken die bei den Ausgrabungen neben Aghios Iakowos ans Tageslicht gekommen sind.

Byzantinische Zeit

Während der Verfolgung der Christen durch Dekios, 250 n.Chr., wird der Heilige Isidor zum Märtyrer der Insel. Die auf der Insel vorhandenen altchristlichen Kirchen des 4. und 5. Jahrhunderts sind die einzigen Beispiele einer gewissen Umorganisation.

Indessen wird das Ende des Altertums signalisiert durch den Verfall und das völlige Fehlen von Erkenntnissen über die nächsten Jahrhunderte. Alles deutet darauf hin, daß auch Chios dem Schicksal des übrigen Griechenland in den byzantinischen Jahren folgt.

Erst seit der Wiedereroberung Kretas durch die Byzantiner beginnt das Leben auf Chios sich zu verbessern.

Die Byzantiner erkennen die strategische Lage der Insel an und errichten Befestigungen. Im 11. Jahrhundert bauen sie zur größeren Sicherheit die Festung der Stadt.

Mitte desselben Jahrhunderts wird auch das berühmte Kloster Nea Moni auf Veranlassung von Kaiser Konstantin Monomachos (Alleinkämpfer) gegründet. Der Fortschritt auf der Insel wird trotz der türkischen und venezianischen Bedrohungen fortgesetzt.

Um 1204 fällt Chios unter die Herrschaft des Abendlandes, genauso wie Konstantinopel, sie wird aber von Fürst Watatzis befreit.

Bereits ab dieser Zeit lassen die Genueser ihr Interesse an der Insel, die sich auf ihrem Weg zum Schwarzen Meer befindet, erkennen. Jahr für Jahr benutzen die Genueser die Insel immer mehr als Station auf ihren Reisen zum Osten.

Sie gewinnen immer mehr Privilegien aus Anlaß der Hilfe, die sie Kaiser Michael Paleologos gegen die Venezianer angeboten hatten.

Die Genueser erwerben eigene öffentlichen Gebäude, Häuser und Kirchen und verstärken ihren Einfluß auf Chios.

Inzwischen ist das geschwächte Byzantinische Reich nicht in der Lage, das Land vor den türkischen Angriffen zu schützen.

So wird Chios 1307 dem Genueser Benedetto Zaccaria übergeben und bleibt unter die Herrschaft der Genueser bis zum Jahr 1329.

Zu dieser Zeit wird die Insel wegen Nichteinhaltung eines Vertrages mit den Byzantinern durch Andronikos Paleologos zurückerobert. 1345 bemächtigen sich die Genueser der Insel für länger als zwei Jahrhunderte.

Während dieser ganzen Zeit wird Chios durch eine genuesische Gesellschaft namens Maona verwaltet. Die meisten Mitglieder der Maona gehörten der Familie Giustiniani oder Justiniani an. Sie hatten die Finanzmittel und den Handel, aber auch den Schutz der Insel vor verschiedenen Feinden übernommen.

Der Gouverneur, der sogenannte Potesta, wurde direkt von der genuesischen Republik ernannt.

Aus den Archiven Genuas, aber auch aus Erzählungen zahlreicher Reisenden gibt es viele Erkenntnisse über diese Zeit.

Die Justiniani nutzten bis ans Äußerste die Arbeit der Bewohner aus und unterdrückten sie oft, insbesondere in kirchlichen Fragen.

Sie organisierten aber die Produktion von Mastix und anderer Produkte der Insel, ebenso wie die Sicherheit der Insel in einer solchen Art, daß Chios zum "Paradies des Ostens" wurde.

Die gemeinsamen Interessen brachten die alten byzantinischen Herrscher und die neuen, einflußreichen Familien der Genueser zusammen. Die entstandene neue, reiche und starke Ordnung führte zu einer neuen Lebensart, die den Ausländern mit dem von ihr ausgestrahlten Wohlstand imponierte.

Der Lebens- und Kulturstandard dieser Zeit erreichte bemerkenswerte Höhen.

Zu dieser Zeit kam auch der Anbau von Zitrusfrüchten und die Seidenraupenzucht auf die Insel.

Die Bevölkerungszahl von Chios erhöhte sich, die Landwirtschaft wurde umorganisiert, die bildenden Künste mit der Architektur an der Spitze befanden sich in voller Blüte.

Den Justiniani ist es dank ihrer intelligenten Politik und dem von ihnen bezahlten beträchtlichen Untertanenzoll gelungen, die Insel von den Türken freizuhalten, selbst als Konstantinopel besetzt war.

Türkenherrscaft und neuere Zeit

1566 besetzte Piali-Pascha Chios kampflos und schaffte die Genueserherrschaft ab. Es gab aber nicht viele Veränderungen am Leben der Bewohner und an der Produktion. Die Bewohner hatten genügend Privilegien beibehalten, während es sehr wenige Türken gab, die im Kastro (Burg) verblieben waren. Die einheimischen Fürsten hatten ihr Vermögen, ihre Ländereien und ihre hohe Stellung beibehalten. Chios lebte während der Türkenherrschaft im Wohlstand, viele sagen, des Mastix wegen, mit dem sie Sultans Harem belieferten. Versuche der florentinischen Sankt-Stephans-Ritter, 1599, und der Venezianer (1694 - 1695), die Insel von den Türken zu erobern, hatten keinen Erfolg. Zu dieser Zeit verließen allerdings die meisten der katholischen Bewohner die Insel. Die Insel steht während des gesamten 18. Jahrhunderts in einer wirtschaftlichen und kulturellen Blüte. Auf der einen Seite sind es der Handel, der Mastix und das Handwerk, die den Wohlstand gewährleisten, auf der anderen Seite begünstigen die Autonomie und der Frieden die Entwicklung von Kultur. Die Chioten haben auch gelernt, Realisten zu sein und den Fortschritt zu lieben. Zu dieser Zeit wird die Schule von Chios gegründet, die von 1792 bis 1822 tätig war. Die Architektur erlebt eine große Blütezeit, nachdem eine Menge von Residenzen und Kirchen gebaut werden. Die Bevölkerung der Insel nimmt zu und erreicht etwa 100.000 Seelen. Als die griechische Revolution ausbrach, blieben die Chioten zunächst unbeteiligt. Am 11. März 1822 landeten auf Chios Revolutionäre aus Samos mit Lykurgos Logothetis an der Spitze. Zusammen mit wenigen Chioten belagerten sie die Türken im Kastro, jedoch ohne Erfolg. Am 30. März trifft in Chios die türkische Flotte mit Kapudan Pascha Kara Ali ein. Die Türken setzen Tausende von Soldaten eines unregelmäßigen Heeres an Land mit dem Ziel, die Aufständischen beispielhaft zu bestrafen. Die Revolutionäre ziehen ab und die Zivilbevölkerung ist der Gnade der Eroberer überlassen.

Seltene Heiligenbilder in den Ruinen der Kapelle Aghii Saranda in Thymiana.

Um 1474 trifft Christophorus Kolumbus auf der Insel ein, unterwegs auf einer Reise nach Osten. Er geht in Daskalopetra an Land und ist Gast eines genuesischen Adligen. Viele Historiker meinen, Kolumbus sei nach Chios gekommen, um Seekarten zu besorgen und Auskünfte über seine große Reise einzuholen. Man vermutet sogar, daß er als Mitglieder seiner Besatzung Seeleute aus Chios ausgesucht hat. Jedenfalls geht aus seinen verschiedenen schriftlichen Berichten hervor, daß er ziemlich lange auf der Insel verblieben ist und den Wert des Mastix und die Lebensweise der Bewohner kennengelernt hat. Viele glauben, daß Kolumbus aus Chios stammte. Es gibt heute noch Familien im Dorf Pyrgi, die den Nachnamen Kolumbus führen. Dort existiert sogar auch ein altes Familienwappen an der Fassade eines Gebäudes, von dem man sagt, daß es eine Beziehung zu ihm hatte.

"Der Brand der türkischen Flotte", ein Werk von Nikolaos Lytras.

Fünfzehn Tage lang haben die Türken gemordet, verbrannt, geplündert und ganz Chios zerstört. Die Barbareien übertrafen alles bisher Dagewesene. Viele von den Fürsten Chios´ wurden gehängt, während über 25.000 Menschen ihr Leben verloren. Der Rest wurde auf Sklavenmärkten verkauft und nur diejenigen, die aus der Insel evakuiert werden konnten, haben es geschafft, zu entkommen. Die Zerstörung Chios´ hat die Völker Europas in Aufruhr versetzt. Der französische Maler Delacroix hat die Zerstörung in seinem bekannten Gemälde, das im Museum von Louvre ausgestellt ist, dargestellt.
Unter der allgemeinen Empörung wegen des Massakers und unter dem Druck der Filhellenen gewährt Sultan Vechit den Chioten alle Garantien, damit sie auf die Insel zurückkehren. Für eine Zeit lang finanziert er sogar ihre Rückkehr. Im Juni desselben Jahres setzt Konstantin Kanaris mit seiner Flotte das türkische Flaggschiff im Hafen von Chios in Brand. Durch die starke Explosion wird Kapudan Pascha getötet. 1828 versucht der Franzose Favre Chios zu befreien, doch das misslingt ihm.
Ab 1822 kehren die chiotischen Flüchtlinge zurück und bemühen sich, ihr Leben neu zu gestalten, die Umstände haben sich aber inzwischen verändert. Die Nachkommen der alten fürstlichen Familien und der reichen Kaufleute, die die Wirtschaft in der Hand hielten, wandern aus. 1850 vernichtet ein fürchterlicher Frost die Zitrusbäume und die Landwirtschaft erleidet großen Schaden. Die Erdbeben von 1881 zerstören alles was noch aufrecht geblieben war. Dreieinhalbtausend Einwohner verloren damals ihr Leben. Nach und nach beginnt Chios aber seinen alten Lebensrythmus wiederzufinden. Am 11. November 1912 wird Chios befreit und Teil des griechischen Staates.
Im II. Weltkrieg leisten die Bewohner mit allen Mitteln Widerstand gegen die deutsche Besatzungsmacht. Unter Verachtung aller Gefahren transportierten sie auf kleinen Schiffen zahlreiche griechische und ausländische Kämpfer in den Nahen Osten. Chios wurde zusammen mit dem übrigen Griechenland 1944 befreit.
Aus den Kriegen und dem Unheil trat Chios verletzt hervor, jedoch mit erhobenem Haupt. Es war zwar nicht mehr das Zentrum des Durchgangshandels, aber es bewahrte seinen Glanz und seine Liebe zur Zivilisation.
Heute erhält es einen hohen Lebensstandard aufrecht dank seinen befähigten Seeleuten, seinen tüchtigen Kaufleuten und seinem Mastix.

"Das Massaker von Chios´" (Eugene Delacroix).

3

KULTUR & TRADITION

Sitten & Bräuche - Menschen & Beschäftigungen
Literatur & Künste - Architektur - Kirchen & Klöster
Mastix und die Mastixdörfer

Vielleicht war es die gute Lage der Insel, so nah an den Küsten Kleinasiens, so nah an die Ionier und an ihre reiche Kultur, oder weil sie gerade auf der Handelsstraße zum Schwarzen Meer und zum gesamten Osten lag. Vielleicht war es auch ihr ausgezeichnetes Klima. Tatsache ist jedenfalls, daß alle, die in Chios Wurzeln geschlagen haben, dieses nicht bereut haben. Ihr fruchtbarer Boden, insbesondere im Osten und im Süden, lieferte soviel Früchte, daß die Insel seit dem Altertum autark war. Ihren Bewohnern gelang es trotz der Schwierigkeiten, die sie zu überwinden hatten, zum größeren Teil den Wohlstand zu genießen. So haben die Chioten im Laufe der Zeit ein lustiges, beschwingtes Temperament entwickelt. Fröhlich und optimistisch von ihrer Natur aus, auf einer Insel, die über alle Gaben und Güter verfügte, fanden sie immer einen Weg, um ein angenehmes Leben zu führen. Selbst in der Zeit der Türkenherrschaft, als der größte Teil des restlichen Griechenland unter dem Joch der Besetzer litt, arbeiteten die Chioten sehr hart, damit sie die hohen Steuern bezahlen konnten. Sie hatten aber eine eigene Selbstverwaltung und gestalteten ihr Leben ungestört. Auf diese Weise bewahrten sie ihre Gewohnheiten, ihre Sprache, ihre Religion unverändert durch Jahrhunderte. Die Chioten schufen unzählige gemeinsame Sitten und Bräuche und starke Traditionen, die sie zu einer engeren Verbindung miteinander aber auch mit ihren Vorfahren brachten. Parallel hierzu führte der wirtschaftliche Aufschwung der Insel während des gesamten 18. Jahrhunderts zu einem gro-ßen Auftrieb der bildenden Künste und der Literatur. Der Handel, der Mastix und das Handwerk einerseits boten den Inselbewohnern die Bequemlichkeiten des Lebens, andererseits begünstigten die Autonomie und der Frieden die Entwicklung von Kultur. Die Erfahrung der Bewohner Chios´ aus ihrem Umgang mit den Fremden hatte sie gelehrt, Realisten zu sein und den Fortschritt zu lieben. Zu dieser Zeit blüht auch die Architektur, nachdem eine Vielzahl von Herrschaftsresidenzen und Kirchen mit Elementen gebaut werden, die eine absolut originelle Tradition schaffen.

Die Agas-Site von Mesta.

Sitten und Bräuche

Die großen Feiern der Orthodoxie wurden begleitet durch eine Reihe von unverzichtbaren Bräuchen. Zu Weihnachten, vor der Heiligen Messe, führten die Hausfrauen einen Hausputz durch in Erwartung der Heiligen Geburt. Alle suchten bei Verwandten, Nachbarn und Freunden um Vergebung nach bevor sie die Heilige Kommunion empfingen. Die Frauen backten Lukumades (Brandteigringe mit Honigsirup), Tiganites (Pfannkuchen) und versteckten in einer dieser Süßspeisen eine Münze, die dem Finder Glück bringen sollte. Die heiratsfähigen Mädchen hoben ihren ersten angebissenen Pfannkuchen auf und legten ihn unter ihr Kopfkissen, um in ihrem Traum den Mann zu sehen, den sie heiraten würden. In den ersten Morgenstunden von Weihnachten, hauptsächlich in Pyrgi, übernahm ein Mitglied von jeder Familie, meistens ein Mädchen, die Aufgabe, das Weihwasser ins Haus zu bringen, das den Hausbewohnern das Glück für das ganze Jahr sicherstellen sollte.

Der Wasserträger durfte während des gesamten Transports kein Wort sagen, was auch immer geschehen mochte. So bekam das Weihwasser den Namen "stilles Wasser". Am Neujahrstag besuchten die jungen Männer alle Häuser, sangen die örtlichen Kalanta (Weihnachts- und Neujahrslieder), begleitet von traditionellen Blas- und Streichinstrumenten und ließen sich zu den Festtagsessen einladen.

An diesem Tag achteten alle, besonders die Kinder, auf das, was sie sagten und was sie taten, weil sie glaubten, daß sich das während des gesamten Jahres wiederholen würde. An diesen Festtagen und in der allgemein herrschenden Fröhlichkeit dichteten die pfiffigen Versmacher ihre sogenannten penemata, d.h. mal lobende und mal neckische Verse, um die führende Schicht, die Verwaltung, ihre Nachbarn und die anderen Dorfbewohner zu verspotten. Diese Verslein waren immer aktuell und meistens originell.

Dementsprechend zahlreich und vielfältig waren auch die Karnevalsbräuche. Der berühmteste Karneval war der von Thymiana, die allbekannte **Mostra**, *die sich bis zu den heutigen Tagen erhält und den Festtagen eine besondere Farbe verleiht. Mostra ist tief bis in das Mittelalter verwurzelt.*

Sie steht in Verbindung mit den Kämpfen der Chioten gegen die Räuber, die die reichen Gebiete der Insel, wie Thymiana, das schöne und wegen seiner Steine berühmte Dorf, ausplünderten. Am letzten Freitag vor dem Ende der Karnevalszeit verkleideten sich die jungen Männer des Dorfes als Kudunati, d.h. sie zogen alte Männer- oder Frauenkleider an, verdeckten ihre Gesichter mit selbstgebauten Masken, die sogenannten Mutsunaries, und führten verschiedene Darbietungen vor. Anschließend versammelten sich alle am Sonntag im Zentrum des Dorfes und tanzten den Spezialtanz, den sie **Talimi** *nannten. Dieser Tanz war besonders eindrucksvoll. Mit Tanzbewegungen stellte man die Nahkämpfe der Einheimischen gegen die Piraten dar. Die Kudunati wurden in zwei Gruppen aufgeteilt, die eine vertrat die Bewohner von Thymiana, die andere die Piraten. Dann löste sich einer von der einen Gruppe und ging auf den Vertreter der anderen Gruppe zu, einen langen Stock wie Schwert schwingend. Der Kampf war immer hart. Es folgte das nächste Tänzer-/Kriegerpaar bis alle an dem Kampf teilgenommen hatten. Tanzend bewegten sie sich zum Dorfzentrum, wo sie die Masken abnahmen und mit dem Tanz* **Deto** *weitermachten. Dabei stellten sie die Schwerter in der Mitte auf, fassten sich an den Schultern und tanzten im Kreis. Anschließend zogen sie mit Kriegs-Gesängen, begleitet von Musikinstrumenten, zur Kirche von Aghios Stratis, ihrer Dorfkirche, wo sie ihre Kriegsbeute und die Fahnen an den Kirchenzaun hängten. Diese alte Tradition ist heute mit neuen Elementen, durch satyrische Züge und zeitgenössische Gewänder ergänzt worden. Mostra eröffnet immer den Karnevalszug in Chora und alle Chioten versammeln sich, um sie zu genießen. Der Karneval wurde überall mit besonderer Lust gefeiert. In Pyrgi gab es einen Spezialtanz, den Diplos, den man jeden Sonntag, außer dem letzten Sonntag in der Karnevalszeit tanzte. Die Tänzer bildeten zwei Kreise, die sich ähnlich sahen.*

Traditionelle Tänze von Chios.
Oben: "Talimi" und unten "Detos"
aus Mostra, dem Karnevalsbrauch von Thymiana.

Man tanzte ihn auf zentralen Plätzen, eine Kerze in der Hand haltend, da der Beginn des Tanzes beim Einbruch der Dunkelheit erfolgte. Dieser eigenartige Tanz fand ohne Musikinstrumentenbegleitung, nur mit selbstgedichteten, in sich abgeschlossenen Vierversen zu verschiedenen Themen und nach einem zentralen musikalischen Motiv, statt. Jeden Abend während der gesamten Karnevalszeit wurden die Straßen der Dörfer durch die Karkalusses belebt. Die jungen Männer bildeten kleinere Theatergruppen und führten verschiedene Lustspiele vor den Häusern vor, wo sich die Mädchen versammelt hatten. Jeden Sonntag erschienen auf den Straßen die Acherades, maskierte Männer, die die feierlich geschmückten jungen Mädchen überraschten, indem sie ihnen handvollweise Stroh zuwarfen, was allgemeine Aufregung, aber auch Gelächter auslöste.

Das Osterfest wurde mit großer Pracht gefeiert. Schon in den ersten Morgenstunden des Karsamstags machten die jungen Männer Feuer im Freien, die sogenannten Lichter der Auferstehung. Rings um die Feuerstellen sitzend brieten sie Eier. Die Vorbereitungen für den Ostersonntagstisch waren sehr umfangreich.

Man aß Zieglein oder Lamm auf Kohlen gegrillt und nicht am Spieß, wie dies in den meisten Gegenden Griechenlands Sitte war. Später wurde auch das Fest des Niotritos als Festmal im Freien eingeführt. Schon zu Beginn der Karwoche taten sich Freunde zusammen und organisierten Ausflüge ans Meer, wo sie nach der Auferstehungsfeier aßen, tranken und sich bis zum Sonnenuntergang amüsierten.

Am 1. Mai mußten alle früh aufstehen, damit sie nicht behext wurden. Frühmorgens zogen die Mädchen aus und bastelten die traditionellen Maikränze aus frischen Wiesenblumen.

Die Jungen hoben ihre Kräfte, nach einer Sitte aus dem Dorf Thymiana, für den Abend auf. Während der ganzen Nacht liefen sie im Dorf herum und nahmen aus den Balkons und den Höfen die schönsten Blumenstöcke mit, um sie vor die Tür ihrer Auserwählten zu stellen.

Deshalb versteckten viele Leute an diesem Tag ihre Blumenstöcke, um sie vor dem Raub zu retten. Die Mädchen, die die meisten Blumenstöcke vor ihrer Haustür fanden, waren stolz auf ihre Beliebtheit.

Am Maitag, fast in der Morgendämmerung, nahm ein Mädchen einen Krug und rannte um Wasser zu holen, wobei es versuchte, der Sonne und den Menschen aus dem Weg zu gehen, damit es nicht gezwungen würde, mit jemanden zu sprechen, bis es mit vollem Krug zurückgekehrt war. Auch dieses Wasser nannte man "stilles Wasser". Zuhause warteten alle Freundinnen des Mädchens, die je einen persönlichen Gegenstand, wie Ring, Ohrring, Haarnadel usw. in den Krug warfen. Der Krug wurde dann zugedeckt und so verschlossen bis zum Sankt-Johannes - Fest, Klidona genannt, was Omen, Vorbotschaft bedeutet, am 24. Juni, aufbewahrt.

Am Nachmittag des Sankt-Johannes-Tages

Das Fest der Heiligen drei Könige wird mit großer Feierlichkeit begangen.

versammelten sich erneut alle befreundeten Mädchen und das tüchtigste von allen sagte einen selbstgedichteten Viervers, teils ernst oder schmeichelhaft, teils neckisch auf.
Es mußte ein erstgeborener Sohn sein, der aus dem Krug die "risikaria" herauszog. Er holte also nach jeder Gedichtaufsage einen Gegenstand heraus und übergab ihn dem Mädchen, dem er gehörte und an das der vorangegangene Vers gerichtet war. So freuten sich die Mädchen, denen das Glück lachte, während die anderen, die kein Glück hatten, traurig waren und die Neckereien der anderen einstecken mußten.
Am Vorabend des Sankt-Johannes-Tages wurden auf den Straßen Feuer angezündet, die Feuer der Laternen. Man sprang über das Feuer, um das Böse zu verjagen und jeder versuchte, den anderen in der Höhe zu übertreffen.
Diese Sitten gehen auf das Altertum zurück und fallen zeitlich zusammen mit der Sommer-Sonnenwende. Man glaubte, daß die Menschen durch die Kraft des Feuers innerlich gereinigt, vom Bösen befreit werden und den neuen Abschnitt des Jahres kraftvoll und gesund beginnen können.
Am 15. August, dem Fest der Muttergottes, fanden auf der ganzen Insel große Volksfeste statt. Eines der wichtigsten ist auch heute das Volksfest von Pyrgi, das zahlreiche Besucher, einheimische und fremde, anzieht.
Das Fest findet auf dem Hauptplatz des Dorfes, livadi genannt, statt und dauert während der ganzen Nacht mit Gesängen und Tänzen an. Dort wird auch der traditionelle Tanz pyrgussikos, einer der interessantesten griechischen Tänze getanzt.
Es handelt sich um einen lebhaften Tanz mit springenden Schritten und sehr eindrucksvollen Figuren.
Er wird getanzt von zwei Männern und einer Frau in der Mitte. Der Schwung und die Dynamik sind die wichtigsten Merkmale dieses Tanzes.
Wie in jeder Region Griechenlands, so auch auf der Insel, stellte die Hochzeit ein großes Ereignis für die chiotische Gesellschaft dar und bildete immer Anlaß für große Feste und Tanzveranstaltungen.
Sie begann immer mit der Verlobung und vollzog sich mit Hilfe der Heiratsvermittlerin. Damals hatte die Liebe wenig zu sagen.

Das, was zählte, waren hauptsächlich die Geschlechter und die finanzielle Situation der beiden Familien. Die Brautwerbung fand gewöhnlich abends statt, damit Nebenbuhler und Feinde, die davon erfahren könnten, sie nicht zum Scheitern brachten. Deshalb wurde die Lampe, die die Brautwerberin bei ihren nächtlichen Hausbesuchen immer mit sich führte, zu ihrem Symbol.
Das erste offizielle Gespräch zwischen den beiden Familien fand im Hause der Braut statt und bezog sich auf die Mitgift und die finanzielle Situation des Bräutigams. Als die Heirat abgemacht war, begann die Bewirtung mit versüßter Mastixmasse und es folgte der Austausch von Glückwünschen.
In dem Ehevertrag wurden auch der Hochzeitstermin sowie das Datum für den Besuch beim Notar, der den Mitgiftsbestand handschriftlich niederschrieb, festgelegt. Der Notar wurde von den Türken in jedem Dorf im Rahmen der lokalen Selbstverwaltung jener Zeit ernannt.
Die Mitgift bestand gewöhnlich aus Grundbesitz, Olivenhainen, Feldern mit Mastixbäumen, Weingärten, Kleidung und Wäsche sowie aus türkischen Münzen.
In dem Heiratsvorvertrag wurde auch das Deposit festgelegt.
Es war die Kaution, die jede der beiden Parteien zahlen mußte, wenn sie die Verlobung löste.
Der Depositbetrag entsprach der Finanzlage jeder Familie. Nach Verfassen des Mitgiftvertrages bestimmte man die "filocheria", die immer an einem Freitag stattfanden.
An diesem Nachmittag kam die Braut in das Haus des Bräutigams, begleitet nur von verheirateten Frauen.
Die Schwiegermutter steckte ihrem Sohn und der Braut den Verlobungsring, dann behängten Eltern, Geschwister und Verwandte beider Seiten das Brautpaar mit Gold.
Das Paar küsste anschließend jedesmal die Hände des Schenkers. Deshalb wurde diese Feier filocheria (Handküsse) genannt.
Der Abend endete mit Anbieten von selbstgebackenen Kuchen und vielen Wünschen.
Dieses ganze Verfahren, bekannt als "anivasmata", diente der Förderung der Ehe.

Nach den "filocheria" durfte der Bräutigam die Braut in ihrer Wohnung jeden Donnerstag und Samstag frei besuchen.
Das war eine Pflicht, deren Nichtbeachtung ein schlechtes Zeichen bedeutete. Der Bräutigam brachte Süßigkeiten oder Nüsse, Mandeln u.dgl. mit. Das Paar wurde dabei nie allein gelassen. Es wurde immer begleitet von einem Verwandten der Braut.
Trat eine Krise im beiderseitigen Verhältnis auf, war es Aufgabe der Heiratsvermittlerin die Geschenke aus den filocheria jedem einzelnen der Schenker zurückzugeben.
Die Hochzeitsvorbereitungen starteten einen Sonntag davor, als das Brautpaar der Heiligen Messe beiwohnte und die Heilige Kommunion empfing.
Am nächsten Tag, dem Montag, genau sieben Tage vor dem Sakrament der Trauung, begann das Waschen der Wäsche der Mitgift durch die unverheirateten Freundinnen der Braut.
Danach legte man die frischgewaschene Wäsche in Truhen, deren Zahl das Maß für den Umfang der Mitgift bildete.
Am Donnerstag übernahmen zwei junge Mädchen, eines von jeder Familie, das Austragen der Einladungen, indem sie hierzu von Haus zu Haus gingen. Am Nachmittag desselben Tages folgte das Beziehen des Ehebettes, eine Sitte, die in allen Teilen Griechenlands herrscht.
Das gesamte Zimmer war geschmückt, mit Ausnahme des Bettes, das ungedeckt blieb. Darauf legten die Freundinnen der Braut das "richtari", ein teures Überschlaglaken und die beiden Kopfkissen sowie alle Stickereien und bestreuten es mit Blumen und Reis, damit das Paar Wurzeln schlagen sollte. Man legte auch einen kleinen Jungen aufs Bett, damit das Paar einen Sohn bekam.
Die Eltern ihrerseits streuten Geld aufs Bett als Geschenk, aber auch als Zeichen des Wohlstandes, den man dem neuen Hausstand wünschte. Während dieser Zeremonie wurden von den Mädchen Lieder gesungen.
Die Geschenke trafen von allen Seiten bis Sonntag abend ein und wurden alle aufs Bett gelegt.

Das Sakrament fand in der Kirche statt, in seltenen Fällen auch zuhause.
Die Musikinstrumente Klarinette, Geige, Flöte und Laute spielten als erste unter dem Zimmer der Braut.
Der Bräutigam traf in der Wohnung der Braut zusammen mit seinen eigenen Verwandten ein. Da erschien auch die Braut, festlich geschmückt und es begann der Umzug in die Kirche.
Vorneweg marschierte ein unverheiratetes Mädchen und trug ein Tablett mit den Hochzeitskränzen und den "Kufeta" (Mandeln mit Zuckerüberguß).
Rechts und links von ihm marschierten je ein Junge und ein Mädchen, die die Kerzen trugen.
Es folgten die Musiker und unmittelbar darauf die Braut mit ihren Angehörigen und dahinter der Bräutigam mit seinen Verwandten.
Während der Trauungszeremonie stellten sich hinter dem Paar zwei junge Leute, der Trauzeuge und die Trauzeugin, die keine Waisen sein durften, auf.
Gewöhnlich nahmen die Jugendlichen "Kufeta" aus dem Tablett und legten sie unter ihr Kopfkissen mit dem Wunsch, in ihrem Traum ihrem künftigen Ehepartner zu begegnen.
Nach der Trauungsfeier schenkte das Paar in dessen Wohnung "sumada" (Getränk mit Mandelaroma) aus und bot "kufeta", dann Cognac oder Raki und Süßigkeiten an und am Ausgang wurden dann die "Bonbonieren" (Mandeln mit Zuckerüberguß in Geschenkverpackung) ausgeteilt.
Zum Freudenmahl lud der Bräutigam ein. Der erste Gang bestand aus Reis mit Hahnenöl, wie die Sitte es vorschrieb.
Es war nichts, was vom Tisch fehlte.
Der Wein floß in Mengen.
Bei den Hochzeiten wurde das gesamte Dorf zum Fest eingeladen, das bis zu den Morgenstunden dauerte und auf dem Hauptplatz des Dorfes stattfand.

Oft, wenn die Jungvermählten aus armen Familien stammten, bürdeten die Senioren, die die lokale Selbstverwaltung zusammensetzten, den Einwohnern eine Sondersteuer zur Finanzierung der Hochzeit auf.

Daher stammt der berühmte Satz: "Jemand anders hat die Braut bezahlt". Den Tanz leitete das frischgebackene Ehepaar mit dem Brauttanz ein. Das Feiern dauerte den ganzen Abend und reichte bis zum Morgengrauen.

Am nächsten Tag mittags kamen die Schwiegereltern ins Haus und brachten Pfannkuchen und andere Süßigkeiten mit. Am ersten Sonntag ging das Paar in die Kirche, um den Segen des Priesters zu empfangen. Ab diesem Zeitpunkt begann der eigentliche gemeinsame Lebensweg.

Ein weiteres charakteristisches Element der chiotischen Tradition sind die **örtlichen Trachten**. *Besonders die Frauenkleidung zeichnet sich durch eine außerordentlich große Vielfältigkeit und Reichtum aus.*

Die Hauptmerkmale der Frauentracht sind das weiße lange Hemd mit Ornamenten am Rocksaum, ein kleines Leibchen, die bestickten Ärmel und die "kamisora" oder Sattelchen, eine Art kleine Weste mit Trägern und Rücken mit senkrechten Falten.

Zum täglichen Anzug gehörte auch ein blaues oder schwarzes knielanges Kleid ohne Ärmel. Das eigenartigste Zubehör der chiotischen Tracht war das Brusttuch oder Schürze oder "tserves" gennannt, ein viereckiges oder rechteckiges Tuch, geschmückt mit Stickereien.

Es wurde am oberen Teil befestigt und reichte bis zum Bauch. Der eindrucksvollste Bestandteil war das Kopfband, der Turban oder "papasina". Es wurde umwickelt um einen harten Untergrund und bedeckte mit seinen Falten den Kopf und den Hals. Über Schmuck ist nicht viel bekannt, gewöhnlich war es eine Perlenkette, die hauptsächlich in Pyrgi getragen wurde.

Die Männer trugen die "Vraka" (Hose) der Inselbewohner nach kretischem Muster. Grundelemente ihrer Tracht waren das Hemd und darüber das "meintani", eine Zweireiher Weste.

Um die Hüfte wickelten sie das Hüftband oder "jemeni", ein langes mehrfarbiges Seidenband, das es auch mit Fransen gab. In der Stadt von Chios wurde der offizielle Anzug mit einem langen Cape, das an der Innenseite mit rotem Filz und dreieckigen Stücken aus blauem Samt ausgeschmückt war, getragen. Am Kopf trug man unbedingt einen roten Fez oder eine schwarze Mütze.

Auch trugen die Männer an den Unterschenkeln oft die "tsardinia", Gamaschen, die man am hinteren Wadenteil zuknöpfte.

Die Einwohner von Pyrgi, die über die prunkvollsten Trachten verfügten, trugen ferner über der Kamisora das Guneli, eine dicke, gewebte Wollweste. Im Volkskunstmuseum Filippos Argentis, das in der Korais-Bibliothek untergebracht ist, gibt es eine beeindruckend umfangreiche Sammlung von chiotischen Trachten zusammen mit Stickereien und Webstoffen aus vielen Gebieten Chios´, die es wert sind, von jedem Besucher bewundert zu werden.

Menschen und Beschäftigungen

Die Chioten waren über viele Jahrhunderte hinweg hauptsächlich mit der Landwirtschaft beschäftigt. Bereits im Altertum, lieferte die Insel, wie man aus Erzählungen erfährt, einen berühmten Wein aus seinen Weingärten im Osten und im Süden. Hierauf hatten sich zahlreiche Schriftsteller, von Aristophanes bis Athineos in seinen "Nachtmahlsophisten" bezogen.

Der Weinbau wurde auch in den byzantinischen Jahren erhalten, dann aber während der Türkenherrschaft eingeschränkt. Die Gärten von Kambos lieferten bei Bearbeitung von großen Flächen eine riesige Produktion an Zitrusfrüchten, die in viele Länder exportiert wurde.

Heute werden noch in erster Linie die bekannten chiotischen Mandarinen und Mandelbäume angebaut. Die jahrhundertealten Olivenbäume der Insel liefern auch heute schmackhafte Oliven und reichlich Olivenöl guter Qualität.

Es gibt noch vereinzelt Anbau von Hülsenfrüchten und Obstbäumen. Berühmt sind die kleinen Tomaten, die ohne Wasser gezüchtet werden. Gewöhnlich werden sie in kleine Bündel, wie die Zwiebeln, gebunden und aufgehängt. Ihre Schale trocknet zwar aus, aber innen bleibt der ganze Saft für längere Zeit erhalten.

Auch heute noch sieht man an den Balkons von Pyrgi diese knallroten kleinen Tomaten hängen.

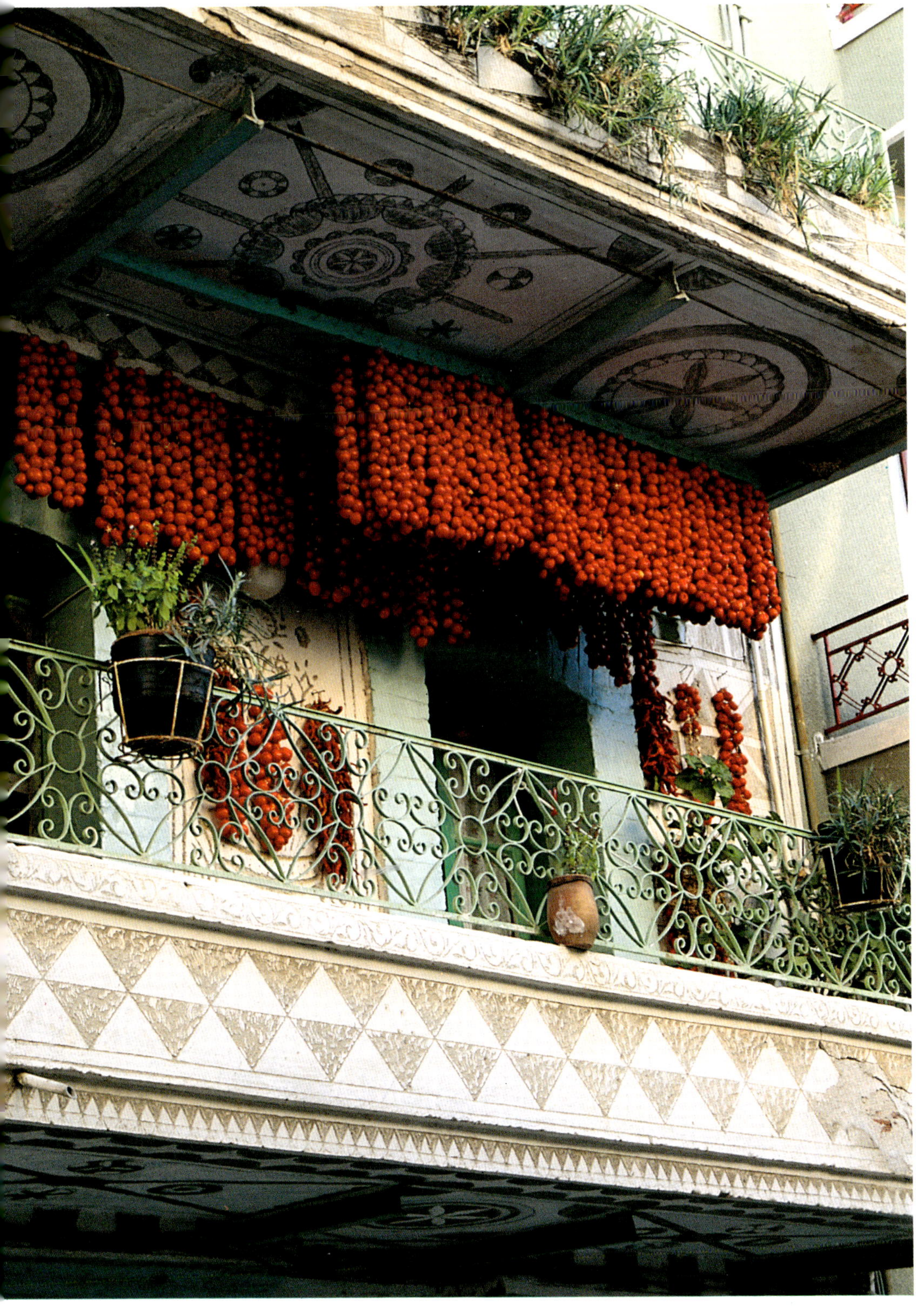

Die landwirtschaftliche Produktion begann ab dem 18. Jahrhundert, nach dem Erdbeben und einer Frostperiode, die den größten Teil der Erzeugnisse zerstörte, zurückzugehen. Es hat viel Zeit und großer Mühe bedurft, um die Landwirtschaft in Aufschwung zu bringen, sie erreichte jedoch nie mehr ihre alten Standards. Die Bewohner zogen es damals vor, sich der Schiffahrt zuzuwenden, einem Beruf der zwar gefährlich, aber ertragreich ist. Im Verlauf der Zeit wandten sich immer mehr Chioten dem Meer zu und schufen eine starke Seetradition, aus der zahlreiche heutige Reeder hervorgegangen sind.

Mehrere Dörfer im Osten sind Wohngegenden, überwiegend von Seeleuten. Tatsächlich beschäftigt sich heute fast die Hälfte der Bevölkerung von Chios mit den Seetransporten und Seeverbindungen, die sich ständig weiterentwickeln. Einzige Ausnahme in einer relativ schwindenden Landwirtschaft bildet die Produktion des Mastix, die, wenn auch eingeschränkt, einen großen Teil der Bevölkerung im Süden beschäftigt. Man schätzt, daß jedes Jahr ca. 100 Tonnen dieses seltenen und extrem teuren Produkts, das weltweit exportiert wird, hergestellt werden. Von den vielen Handwerksbetrieben, die in der Vergangenheit existierten, besteht heute in der Stadt Chios das Handwerk mit den berühmten chiotischen in Sirup eingemachten Früchten. Aromatisch und rein, aus früheren Zeiten übernommen, waren dies die Orange, die kleine Aubergine, die Kirsche, die Weintraube und vieles andere mehr. Darüberhinaus gibt es die Blechkuchen, die Mandelplätzchen (amygdalota) und die Getränke, die namhaften Likörs mit Fruchtaroma sowie das Blütenwasser und das Rosenwasser. Die Gerbereikunst, die in frühen Jahren auf der Insel verbreitet war, ist heute nur in begrenztem Umfang vertreten. Weitere Produktionsquellen von Chios sind der Marmor und der braunrote Stein aus Thymiana. Die Fischerei bildet eine ständige Beschäftigung der Küstenbewohner. Die Gewässer Chios´ sind reich an Fischen und den sehr gefragten Meeresfrüchten. Die alte Tradition der Tonkunst wird auch heute von den Chioten betrieben. Sie stellen Dekorations- und Gebrauchsgegenstände aus Ton her. Ein anderes, bedeutsames Produkt Chios´ war und ist die Seide. Zu Beginn des 19. Jahrhunderts betrug ihre Jahresproduktion bis zu 30 Tausend oka (1 oka entsprach etwa 1,2 kg). Damals gab es auf der Insel auch Seidenwebereien.

Die Zahl der Werkstätten für Seidenstoffe aus Gold- und Silberfaden im 18. Jahrhundert betrug 1200. Ihre Produkte wurden nach Osten exportiert und waren wegen ihrer Qualität sehr gefragt. Heute wird die Seidenverarbeitung auf der Insel nicht mehr praktiziert. Die Kunst der chiotischen Stickereien und Webartikel setzen heute die Frauen von Kallimassia mit ihrer örtlichen Frauengenossenschaft von Thymiana und anderer Gegenden fort.

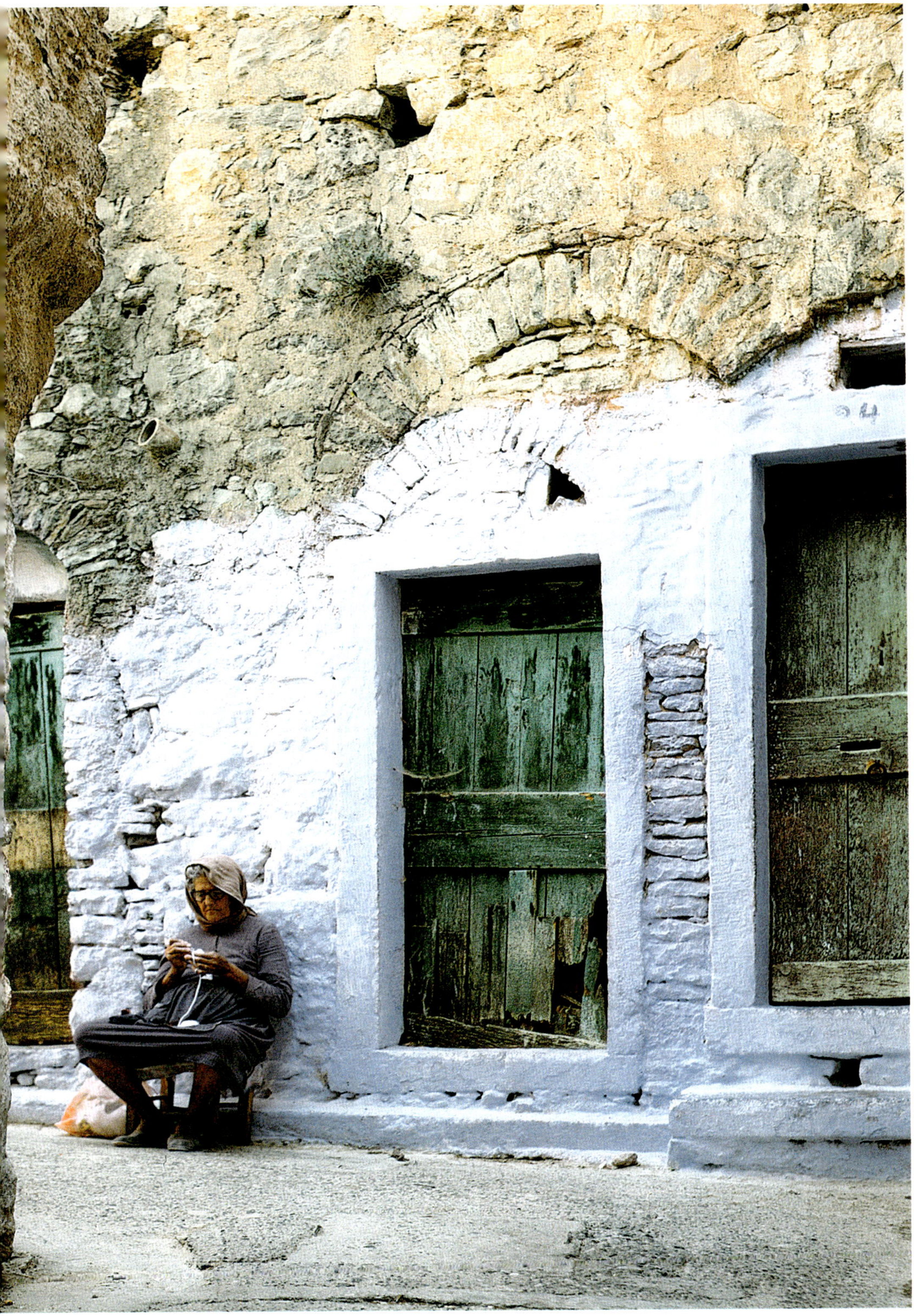

Literatur und Kunst

Der kulturelle Beitrag Chios' zum Kulturleben Griechenlands, besonders im 17. und 18. Jahrhundert, war sehr wesentlich. Der hohe Lebensstand verhalf den Bewohnern zur Entfaltung einer besonderen und vielfältigen Kultur. Auf der einen Seite waren es der einflußreiche Bürgerstand der Kaufleute und der Gelehrten, wie Korais, Mavrokordatos, Neofytos Vamvas und auf der anderen die vom Volk erhaltenen Traditionselemente, die eine beeindruckende Kultur entwickelten.

In einer Atmosphäre humanistischer Bildung, parallel zur wirtschaftlichen Blüte der Insel während der Türkenherrschaft vor der Revolution, wurde 1792 die berühmte Schule von Chios gegründet, die bis 1822 tätig war.

Einer der vortrefflichsten Lehrer und Schulleiter war **Neofytos Vamvas** *(1770 - 1856). Vamvas erhielt seine erste Schulausbildung in Chios. Er wurde Schüler von Proios und Athanassios Parios. Später ging er nach Frankreich und traf dort in enge Verbindung zu seinem Landsmann und großen Gelehrten dieser Zeit, Adamantios Korais, dessen zahlreiche Werke er sich annahm.*

1815 kehrte er nach Chios zurück und übernahm die Leitung der Schule. Zu seiner Zeit wurden die griechische, die lateinische und die türkische Sprache sowie die Fächer Mathematik, Malkunst und Musik unterrichtet.

Es gab auch eine Schuldruckerei, die eine große Anzahl von Schriften für die Schüler herausgab sowie eine große öffentliche Bibliothek.

Zu dieser Zeit wurden auch Stipendien an chiotische Schüler zu einem Folgestudium an höheren Schulen des Auslands mit dem Ziel gewährt, daß sie später in ihre Heimat zurückkehren und an der Schule unterrichten.

Neofytos Vamvas wurde nach der Zerstörung von Chios Mönch und lehrte an vielen höheren Schulen Griechenlands, ebenso an der damals neugegründeten Nationalen Universität.

Vamvas gilt als einer der Begründer der Wissenschaften in Griechenland.

Er verfasste die "Rhetorik", "Elemente Philosophischer Ethik", die Satzlehre der altgriechischen Sprache und andere Werke.

Aus Chios stammten auch andere, wichtige Vertreter der Literatur, unter ihnen **Adamantios Korais** *(1748 - 1843), der sowohl Gesamt-Griechenland, als auch seinem Geburtsort Chios ein beachtliches Werk hinterließ. Er gilt als einer der bedeutendsten Gelehrten des neueren Griechenland und zugleich als der wichtigste Vertreter der griechischen Erziehung.*

Er hat bei der Erhebung der Griechen gegen die türkischen Besetzer mitgewirkt und bewahrte die geistige Tradition des Hellenismus in den Jahren der Sklaverei. Korais entstammte einer wohlhabenden Familie chiotischer Kaufleute und wuchs in einer vaterlandbewussten Umgebung auf. Seine Bildung war vielseitig. Seine Jugendjahre verbrachte er in europäischen Ländern und studierte dort ausländische Schriftsteller und Philosophen.

Er war ein Verfechter der Orthodoxie, jedoch ohne Fanatismus und Ritualkult. Wegen seiner liberalen Einstellung wurde er von den Klerikern angegriffen. Längere Zeit lebte er in Frankreich und seit 1796 widmete er sich dem Kampf des Aufstandes des griechischen Volkes. Er verfasste die "Brüderliche Lehre" als Ansporn zur Erhebung und später das "Kriegerlied" in einem Versuch, die Franzosen zur Mithilfe für die Griechen zu bewegen. Später wandte er seine Aufmerksamkeit dem kulturellen Bereich zu. Er verkündete, daß seine Landsleute nur dann befreit werden würden, wenn sie eine Ausbildung erhielten und die Schätze der griechischen Antike kennenlernten.

Große Verdienste erwarb er sich, indem er die altgriechischen Schriftsteller auch den Gelehrten Europas bekanntmachte. 1805 beginnt Korais das monumentale Werk seiner "Griechischen Bibliothek" durch Sammeln bedeutender Werke zahlreicher Schriftsteller der Antike. Diese Arbeit Korais´ fand internationale Anerkennung. Mitgewirkt hat er auch an der Herausgabe eines griechischen Wörterbuches. Weitere bedeutende Gelehrte aus Chios waren Alexandros Mavrokordatos und dessen Sohn Nikolaos, die ebenfalls mit ihrem Werk und ihren Ämtern zur Erhaltung des griechischen Geistes während der Türkenherrschaft beitrugen. Die berühmte Bibliothek von Korais in der Stadt Chios umfasst heute außer seiner persönlichen Büchersammlung auch wertvolle Schriftstücke und Werke von ihm. Sie verfügt über ein außerordentlich reichhaltiges Material von 135.000 Bänden. Das Zentrum der geistigen und kulturellen Aktivität der Insel bildet das Homerische Geistige Zentrum der Stadtverwaltung Chios. Es wurde erbaut durch die Chioten Michalis und Stamatia Xyla. Dort finden jedes Jahr wichtige kulturelle Veranstaltungen statt, die über die Grenzen Griechenlands hinausgehen und internationale Dimensionen annehmen.

Von den bildenden Künsten waren es die Architektur und die Ikonenmalerei, die in Chios eine besondere Entwicklung verzeichneten. Die Herrenhäuser von Kambos, die Häuser von Kastro und die mittelalterlichen Häuser in Südchios sind hierbei von besonderem Interesse.

Viele ausländische Besucher hatten deren eindrucksvolle und einzigartigen Charakteristika mit feinen Farben beschrieben.
Der Wohlstand, der über längere Zeit in Chios herrschte, begünstigte die Entwicklung dieser Kunstart. Aber auch die Kirchen von Chios haben einen besonderen Stil. Ein ausgezeichnetes Beispiel byzantinischer Architektur und Monument des Christentums bildet die Kirche des Klosters Nea Moni, nach deren Vorbild später die meisten Kirchen gebaut wurden. Aus Chios stammte auch der Maler von Heiligenbildern Chomatzas, einer der bedeutendsten Ikonenmaler der Kretischen Schule. Ein Teil seiner Werke existiert in der Muttergottes-Kirche von Krina, im Dorf Wavili.
Ein anderer, herausragender Ikonenmaler ist Konstantinos Katarraktis, ein echter Vertreter des Volkskunststils, mit einer originellen wie gewagten Ausdrucksweise. Einige seiner Werke findet man in gutem Zustand im Kloster von Munda, im Norden Chios´. Auf der Insel sind Werke bekannter Bildhauer der neueren Zeit vorhanden. Jannis Chalepas, meisselte aus dem Stein, zusammen mit seinem Vater, das Altargeländer der Kirche Aghios Lukas in Warwassi.
Es war aus grauem und korallenfarbenem Marmor hergestellt. Gegen Ende des 19. Jahrhunderts fertigte ein anderer Bildhauer, Jorgos Bonanos, das Grab von Michael Zygomalas, eine Grabsäule mit seinem Denkmal und davor die Statue eines Mädchens, sitzend auf einem Schiffsbug.
Im Stadtpark von Chios befindet sich das bronzerne Denkmal des Helden aus Psara, **Konstantinos Kanaris**, 1922 mit besonderem Realismus von Michalis Tombros errichtet. Werke von Thanassis Apartis sind "Der Unbekannte Matrose" in Wrutados und "Der Kapitän" in Kardamyla, beide herausragend wegen ihrer inneren Kraft. Ihre Haltung und ihr Ausdruck strahlen besondere Vitalität aus. In der Nähe des Haupteingangs der Korais-Bibliothek befindet sich auch sein Denkmal, errichtet von Jannis Pappas zu Beginn seiner Karriere (1938-1940).
Im Handelslyzeum steht ferner "Der Lehrer", ein Werk von Konstantinos Kluvatos. In der Stadt Chios, in der Nähe der Türkischen Bäder gibt es die Nationale Bibliothek von Chios, die Werke namhafter moderner Maler beherbergt.

Architektur

Eine Insel mit kultureller Blüte wie Chios könnte nie auf eine eigene traditionsreiche Architektur verzichten. So entsteht in Chios ab dem 14. Jahrhundert und über ganze fünfhundert Jahre hinweg ein eigener Architekturstil, der sich sowohl von ihren Nachbarinseln, wie auch von den Dörfern der Kleinasiatischen Küsten unterscheidet. Leider wurde ein sehr großer Teil dieses architektonischen Reichtums im 19. Jahrhundert, nach dem vernichtenden Erdbeben, das Chios erschütterte, zerstört. Trotzdem geben uns einige der noch stehengebliebenen Bauten und bestimmte Siedlungen die Möglichkeit, das bedeutende architektonische Phänomen Chios´ zu studieren, aber auch zu bewundern, ein Phänomen mit eigentümlichem Charakter, das seine Verschiedenartigkeit auch innerhalb der Insel, von einem Ende bis zum anderen, demonstriert. Wir unterscheiden generell drei Haupteinheiten architektonischer Aktivität: Chora mit dem Kambos, die Mastixdörfer und die Norddörfer. Alle drei dieser Einheiten weisen eine Fülle von typologischen, morphologischen und bautechnischen Unterschieden auf, die einerseits auf die Naturumwelt selbst, andererseits aber auch auf die herrschenden wirtschaftlichen und sozialen Verhältnisse der entsprechenden Gegenden zurückzuführen sind. So bemerken wir in der Hauptstadt von Chios, Chora, aber auch in der breiteren Region des Kambos, eine Baukunst des Ansehens, eine Architektur, die einer wohlhabenden bürgerlichen Gesellschaft mit bedeutenden westlichen Einflüssen entspricht.
Die alte Chora entwickelte sich mit der Zeit so wie jede andere mittelalterliche Stadt, nämlich durch Bau des Kastro (Burg), Ausweitung der Wohnsiedlung außerhalb der Mauern und erneute Befestigung.

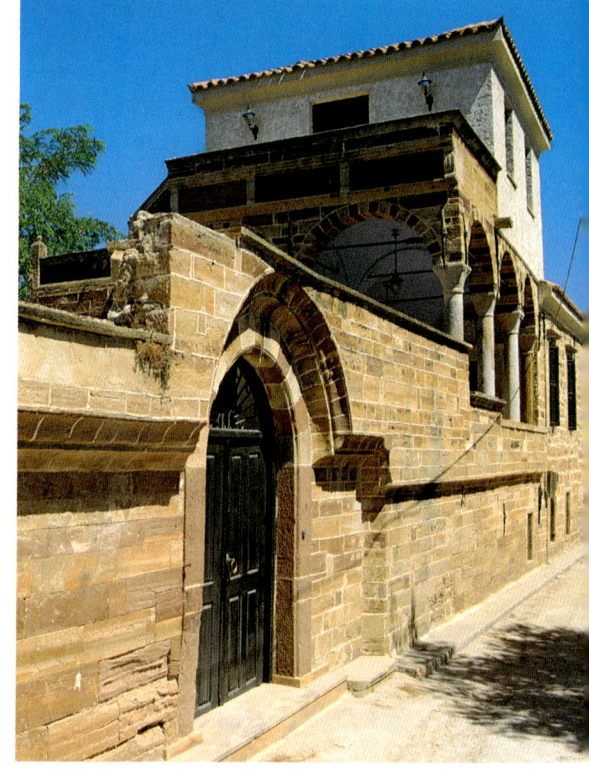

Archontika (Residenzen) in Kambos aus dem berühmten Stein von Thymiana, voll des Zaubers und der Romantik der Vergangeheit.

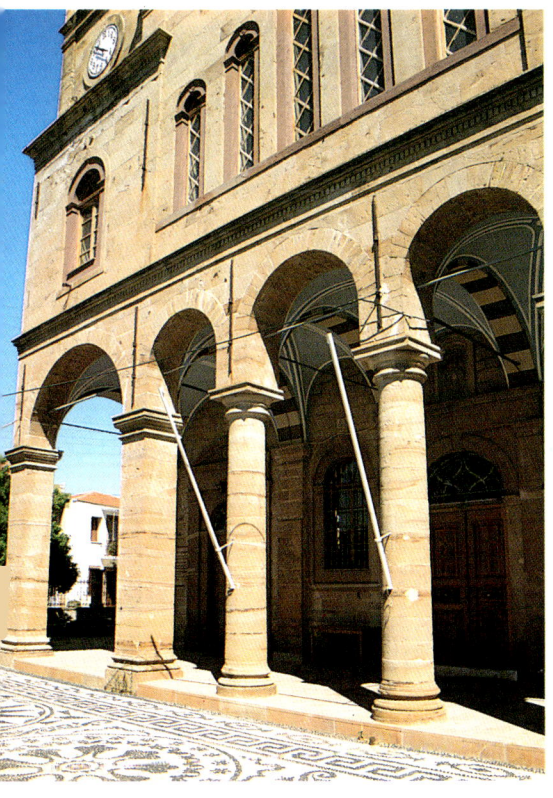

Die Häuser, die dieser Entwicklung folgten, wurden nach einem ständigen Bausystem errichtet, das auf die Enge des Raumes Rücksicht nahm. So haben die Residenzen in Chora nur eine freie Fassade, sie verfügen nicht über einen Hof und reichen bis zu einer, für die damalige Zeit seltenen Höhe von zwei Stockwerken.
Die Wohnräume kommunizieren miteinander über Türen, während der Zugang zu diesen Räumen über eine innere Treppe erfolgt, die vom Haupteingang im Erdgeschoß ausgeht.
Das Erdgeschoß dient auch bei verschiedenen Hilfsarbeiten als Laden- oder Lagerraum.
Dort, wo es Küchen und Schlafräume für das Personal gibt, sind diese im Hauptwohnhaus untergebracht, der Zugang zu ihnen erfolgt allerdings über eine Nebentreppe. Trotz ihrer gemeinsamen Merkmale lassen sich die Häuser von Chora nicht in eine typologische Basis einordnen, dies wegen der Fülle der Anbauten, die im Laufe der Zeit hinzugekommen sind, aber auch wegen der Vielfalt ihrer Grundrisse.
Demgegenüber werden die Residenzen von Kambos, die von den wohlhabenden Kaufleuten aus Chora hauptsächlich als Ferienhäuser genutzt wurden, typologisch korrigiert, mehr mit dem Zweck, architektonische Formen, als Funktionalität aufzuzeigen.
Hier, hinter den Steinmauern und den strengen Torbögen, befinden sich zwei- und dreistöckige Häuser mit freiem Blick nach allen Seiten, großen Freitreppen und geräumigen Höfen mit der traditonellen Zisterne und dem Brunnen.
Das Treppenhaus, das tsardi, ein Aufenthaltsraum für den Sommer, die Galerien und natürlich die riesigen Gärten mit den blühenden Zitrusbäumen bilden Teile des Kambos, die von Chora fehlen.

Oben: Ein altes Herrenhaus in Kambos.
Unten: Die Kirche Aghios Efstratios in Thymiana.

Trotzdem haben die Grundarchitektur, aber auch die Konstruktionslogik in beiden Fällen eins gemeinsam, nämlich die Anwendung von künstlerischen Methoden, wie der Gebrauch von gemeisseltem Stein zur Selbstdarstellung der Reichen.

In den späten Jahren wurden alle diese Tendenzen von der Kultur des Osmanischen Reiches, insbesondere auf der Ebene der Ausschmückung, beeinflusst.

So gestalteten die Häuser von Chora und Kambos ihren monumentalen Charakter, der in unserem Jahrhundert leider durch ungleiche Elemente verfälscht wurde. Die Mastixdörfer andererseits nahmen ihren eigenen architektonischen Lauf.

Hierbei spielte eine führende Rolle ihr besonderer historischer Verlauf, der in unmittelbarer Verbindung zur Mastixproduktion stand. Die Sicherstellung des wertvollen Monopols für den Mastix und die Notwendigkeit, diese Dörfer von Piratenangriffen zu schützen, führte zum Bau von stark befestigten Siedlungen, die ausschließlich auf die Genueser zurückzuführen sind.

Diese Dörfer, die in der Regel in kleinen Tälern weit vom Meer liegen, sind gekennzeichnet durch ein dichtes Bebauungsnetz und durch eine vierseitige Verteidigungsmauer, die durch die Fassaden der Randhäuser der Siedlung entsteht.

Im Dorfzentrum befand sich oft innerhalb einer Ringmauer mit vier kleinen Ecktürmen der Verteidigungsturm, der größte Bau des Dorfes, der im Falle einer feindlichen Besetzung als Zufluchtsort diente. Der Festungscharakter dieser Siedlungen wird jedoch besonders betont durch viele andere Details, wie das Fehlen von Bäumen, die kleinen Flächen von gemeinnützigen Räumen, aber auch durch die Ausdehnung der bewohnbaren Räume über den Straßen.

Was die Häuser der mittelalterlichen Dörfer anbetrifft, so bestehen diese in der Regel aus dem Erdgeschoß und einem Stockwerk, die durch eine Innentreppe miteinander verbunden sind. Im Erdgeschoß werden Hilfsräume eingerichtet, aber auch Ställe, während sich im Obergeschoß die Wohnräume gestalten.

Dort wird auch das Atrium errichtet, der Raum, der die Zugänge erleichtert, Lüftung und Beleuchtung schenkt, aber auch den direkten Zugang zur Dachterrasse gewährleistet. Die Dachterrassen hatten alle die gleiche Ebene und gaben diesen Siedlungen die einmalige Eigenschaft der freien Bewegung der Bewohner auf der gesamten Fläche des Dorfes im Falle einer Invasion.

*Ein weiteres Merkmal dieser Dörfer sind die "skepasta", die Zimmer, die auf den halbkreisförmigen Bögen eingerichtet wurden, die die gegenüberliegenden Reihen von engen Straßen miteinander verbanden. Jedenfalls sind das eindrucksvollste architektonische Element der Mastixdörfer die **"Xysta"**, ein technisch sonderbares und künstlerisch eindrucksvolles Schmuckelement der Fassaden mit geometrischen, aber auch mit Motiven aus der Natur. Diese vermitteln dieses eigenartige Gefühl, das auch heute noch traditionelle Siedlungen, wie das Pyrgi, kennzeichnet, wenn auch seine Wurzeln aus der Zeit der Genueserherrschaft stammen.*

Die "Xysta" bilden eine wesentliche Institution der Mastixdörfer, die sich auch auf andere Bereiche Chios´ durch das Dekorieren von Kirchen und Häusern übertrug.

Auf dem Weg vom südlichsten zum nördlichsten Ende der Insel stoßen wir auf grundliegende Unterschiede. Hier, in den nördlichen Dörfern gedeiht der Mastix nicht und die Agrarproduktion ist begrenzt. Die Einwohner, die fast ausschließlich von der Landwirtschaft und der Viehzucht lebten, waren es gewohnt, ein bescheidenes Leben ohne materielle Ansprüche zu führen. Somit ist die Bauplanung ihrer Siedlungen eher primitiv und basiert auf einer Volksarchitektur mit hauptsächlich volkstümlichem Charakter.

Kleine Gasse mit den einzigartigen "Xysta".

49

Das einzige, architektonisch, aber auch historisch wichtige Element sind die prachtvollen Türme im Zentrum der Dörfer, eine Hauptähnlichkeit mit den Mastixdörfern, wo man sie aber wegen Fehlens weiterer Erkenntnisse nicht genau erforschen kann.

Die Wohnhäuser, errichtet aus örtlichen Baumaterialien, bestanden aus dem Erdgeschoß und einem Obergeschoß zur jeweiligen Unterbringung von Menschen und Tieren, während sie eine gewisse Unabhängigkeit von der übrigen Siedlung bewahrten. Bezeichnend ist, daß ganze Familien in einem einheitlichen Raum lebten und schliefen, dort wo sich auch der Kamin befand. In äußerst seltenen Fällen, wie Kardamyla und in Pityo, treffen wir Bögen und Kuppeln an, die etwas vom architektonischen Glanz von Chora ausstrahlen.

Im allgemeinen sind in den Norddörfern die architektonischen Formen so gut wie nicht existent, nachdem man dort nur seinem Baubedarf entsprechend der ärmlichen Abstammung nachkommt. Trotz all dem sind bestimmte von diesen Dörfern, die bis heute erhalten geblieben sind, von besonderem touristischen Interesse. Als Beispiel erwähnen wir Anawatos im mittleren Teil der Insel, ein Ort von dem die Geschichte sagt, daß er ein militärisches Bollwerk zur Überwachung der abgelegenen westlichen Küsten und zur Früherkennung eines Überraschungsangriffs gewesen sei.

Jetzt, fast nur aus Ruinen bestehend, bildet Anawatos ein einmaliges Beispiel für die natürliche Befestigung der Dörfer jener Zeit, eine Art, die sie nahezu unsichtbar und für Eroberer unangreifbar machte.

Anawatos, Mystras der Aegäis.

Stich von Nea Moni (Th. Weber).

Kirchen und Klöster

Das Christentum kam sehr früh auf die Insel, nachdem die Jahre der Antike verstrichen waren. Die neue Religion wirkte auf ihre Gläubigen wie ein Impfstoff von Gottesachtung und Duldsamkeit. Hier wurden der Heilige Isidor, die Heilige Merope und die Heilige Markella zu Märtyrern. Seitdem baute man unzählige Kirchen und Klöster in Chios mit vielen von den Kirchen des übrigen Griechenland sich unterscheidenden Merkmalen. Die meisten, heute noch erhaltenen Klöster sind Nachahmungen des berühmten Klosters Nea Moni. Dieses Kloster befindet sich im Zentrum der Insel, auf dem Berg Provatio Oros und bildet eines der wichtigsten Monumente der gesamten christlichen Orthodoxie, aber auch die bedeutendste Sehenswürdigkeit der Insel. Seine Architektur und seine Mosaiken reihen es unter die wichtigsten Kirchen Griechenlands ein. Es stellt ein seltenes Beispiel für die bahnbrechenden künstlerischen Ideen des 11. Jahrhunderts dar. Es handelt sich um eine kaiserliche Kirche höchster byzantinischer Kunst, die vom byzantinischen Kaiser Konstantin Monomachos, mit Hilfe der Kaiserin Theodora der Großen, erbaut wurde. Nach dem ersten Blick wird auch der unkundigste Besucher von der Muttergotteskirche beeindruckt. Ihre gewagte Architektur ist ein Modell des eleganten achteckigen insulanischen Stils. Die unermesslich hohe Kuppel ragt imposant in Richtung Himmel. Durch die hohen Fenster dringt volles Licht in den Raum ein und belebt die Heiligengestalten, die sich dort seit Jahrhunderten befinden. Man meint, sie bewegen sich und sie schauen mit ihrem strengen, asketischen Blick auf den, der sie betrachtet. Die halbzerstörten Mosaiken zeigen ihre einzigartige Kunst. Am Altargeländer aus Marmor dominiert seit über 900 Jahren die wundertätige Ikone der Muttergottes. Auf dem Fußboden erkennt man an den wertvollen Marmorplatten die Zeichen und die Symbole der fünf Brote.

Die gesamte Atmosphäre in diesem geheiligten Raum strahlt die menschliche Ehrfurcht vor dem Göttlichen aus und bewirkt seelische Erhebung. Diese unübertreffliche byzantinische Kunst des Klosters Nea Moni wurde zum Vorbild und zur Quelle von Eingebung für zahlreiche Kirchen in Chios, doch erhalten alle ihre besonderen charakteristischen Elemente, die die echte Tradition von Chios repräsentieren. Unter ihnen tritt besonders hervor die Muttergotteskirche Panaghia Krina, die sich etwas außerhalb des Dorfes Wavyli befindet. Diese Kirche stellt eine echte Kopie, eine Miniatur des Katholikon (Hochaltar) des Klosters Nea Moni dar.

Über die ganze Insel verstreut gibt es Kirchen und Klöster, Zeugen der tiefen Religiosität ihrer Bewohner. Zu den bedeutendsten Kirchen gehören die Heiligen-Apostel-Kirche und die des kleinen Erzengels in Pyrgi, die Kirche Aghios Georgios Sykussis in Zyfiás, das Kloster Mundu in Nordchios sowie die Muttergotteskirche in Aghios Galas. Es gibt noch das Kloster der Heiligen Markella im Westen, in der Nähe von Wolissós, die Muttergotteskirche Panaghia Sikeliá, das Kloster Aghios Minas außerhalb von Neochori sowie die sehr alte kleine Kapelle Aghios Georgios und die Kirche Isidoros in der Stadt Chios. Es lohnt sich auch, die Kirche Aghios Efstratios in Thymianá, das Kloster Plakidiótissa in Kallimassiá und die Muttergotteskirche Panaghia Agrelopu, bei Kalamoti, zu besichtigen. Der Besucher wird die Möglichkeit haben, diese und viele andere bedeutenden Kirchen in den folgenden Kapiteln über die verschiedenen Rundfahrten auf der Insel kennenzulernen und zu bewundern.

Die malerischer Kapelle der Heilgen Apostoln in Pyrgi.

Das Kloster den Heiligen Konstantin und Helena in Frangowouni.

Der Mastix und die Mastixdörfer

Die Pflanze, die der chiotischen Flora eine Einzigartigkeit gibt, ist der Mastixbaum. Er ist niedrig wie ein Strauch, mit ausgebreiteten Zweigen und einem hell- oder dunkelgrauen Stamm, je nach Alter. Auf seiner Oberfläche trägt er unregelmäßige Platten, ähnlich wie Falten, genauso wie die Pinie. Daraus entsteht das natürliche Harz, der Mastix. Es scheint, daß der Mastix bereits im Altertum wegen seiner Heileigenschaften, der ätherischen Öle und seines Aromas bekannt war. Man findet den Bezug auf den Mastix bei den Schriftstellern Plinios, Dioskuridis, Galinos, Theofrastos und anderen.

Dieses einmalige, edle und sehr teure Produkt, das ausschließlich auf dieser Insel produziert wird, ist eng verbunden mit der Geschichte Chios'. Der wirtschaftliche und soziale Wohlstand über einen längeren Zeitraum war hauptsächlich diesem Erzeugnis zu verdanken.

Wann genau sein Anbau allgemein eingeführt wurde, ist nicht bekannt.

Die Überlieferung besagt aber, daß die Bäume zu tränen begannen, als der Heilige Isidor von den Römern gefoltert wurde (250 v. Chr.). Es ist tatsächlich nachgewiesen, daß die Inselbewohner ab diesem Zeitpunkt mit dem systematischen Anbau der Mastixbäume begannen.

Die einmalig günstigen Klimaverhältnisse in Südchios schaffen eine ausgezeichnete Umwelt für das Gedeihen des Mastixbaumes: besonders hohe Sonnenhelligkeit während des ganzen Jahres, sehr wenige Regenfälle im Sommer, milder Winter mit Temperaturen, die nicht unter Null Grad gehen, sowie die Beschaffenheit des Bodens aus Kalkstein, der nicht viel Feuchtigkeit auf der Oberfläche festhält. Der Anbau und die Verarbeitung des Mastix werden auch heute nach der alten traditionellen Art betrieben. Das erfordert viel Personal, Zeit und Mühe, was dem Mastix einen noch größeren Wert verleiht. Die Arbeiten für das Einritzen und das Stechen des Stammes sowie für die Ernte des Mastix dauern den ganzen Sommer und umfassen viele Abschnitte:

Das Einbringen des Mastix.

Bei der Vorarbeit wird der Boden unter jedem Baum gesäubert und geebnet. Die Stämme werden gereinigt, gerieben und gründlich abgewischt. Es folgt das Belegen des Bodens mit weißer Erde, besonders in Gegenden mit roter Erde. Die weiße Erde läßt sich bei der Reinigung leichter vom Mastix unterscheiden. Nächster Vorgang ist die Vorbereitung des Baumes, anschließend findet das Stechen mit einem Stecheisen oder mit einem kleinen Hammer statt, eine Arbeit, die eine besondere Fertigkeit erfordert. Der Stamm wird mit senkrechten und waagerechten Schnitten in einer Tiefe von 2 - 4 mm vorsichtig eingeritzt, so daß der "Baumknochen" nicht zum Vorschein kommt. Jeder Baum wird 5 - 8 mal mit wenigen Stichen, die immer von unten anfangen, gestochen. Der Mastix beginnt aus den Einschnitten zu fließen und braucht etwa 15 Tage um fest zu werden, so daß er aufgesammelt werden kann. Das erste Einbringen des dicken Mastix findet um den 15. August statt. Es folgt das zweite Stechen und das letzte Einbringen des Mastix gegen Mitte September. Nachdem die gesamte Produktion eingesammelt ist, beginnt die Verarbeitung des Mastix. Als erstes findet das Sieben statt, dann wird der Mastix mit reiner Seife und kaltem Wasser gewaschen. Er wird zum Trocknen ausgebreitet und anschließend mit einem Messerchen Stück für Stück abgerieben, um von jeglichem Fremdkörper, der haftengeblieben ist, gereinigt zu werden. Das letzte Sieben durch verschiedene Siebe wird durchgeführt, damit der Mastix in Qualitäten und Arten, in grobem und feinem Mastix und dessen Unterprodukte sortiert wird. Der Mastix eignet sich für viele Verwendungen. Am meisten verbreitet ist seine Nutzung als Kaugummi und als Aroma beim Backen und bei der Getränkeindustrie.

Das Mastixöl findet Anwendung bei hochwertigen Möbelpolituren und Musikinstrumenten. Er wirkt als Festiger von Farben für die Textilindustrie und die Malerei. In der Kosmetik wird er Bestandteil von Aromazusammensetzungen, Gesichtscremen, Nagellacken usw. Darüberhinaus wird er auch in der Kieferorthopädie und bei vielen medizinischen Anwendungen benutzt.

Mit einem kunstvollen Verfahren wird das Mastix aus dem Stamm gewonnen.

Der Mastixhandel wurde hervorragend von Maona organisiert, einer Aktienfirma, die zwölf Kaufleuten und genuesischen Reedern gehörte und so genannt war aus dem Arabischen, was Handelsunternehmen bedeutet. Maonas' Eigentümer hießen Justiniani, möglicherweise nach dem Justiniani-Hochhaus in Genua, das der Sitz der Gesellschaft war.
Die Genueser exportierten den Mastix in das gesamte Mittelmeer von Genua über Griechenland, Alexandrien, Zypern, Rhodos und Syrien bis nach Konstantinopel. Während der Türkenherrschaft genehmigten die Türken den freien Handel, forderten aber von jeder Ernte 26 Tonnen Mastix statt Steuern. Später übernahmen sie den Handel von den Frankolevantinern. Die Genossenschaft der Mastixproduzenten wurde 1938 gegründet. An den Südküsten Chios', dort wo der Mastix gedeiht, gab es etwa 27 Ortschaften, die Mastixdörfer genannt wurden, nachdem die Anbauer des Mastix dort lebten. Ihr erster geschichtlicher Anlauf fällt in die Zeit des byzantinischen Reiches, doch wird ihre eigentliche Existenz in der Zeit der Genueserherrschaft begründet. Die Genueser sind diejenigen, die für die Festungsform und die Befestigung der Mastixdörfer sorgten, sowohl aus Gründen der Verteidigung gegen mutmaßliche Eroberer, als auch wegen der Kontrolle über das wertvolle Mastixmonopol. Anschließend, als Chios unter die Herrschaft der Türken fiel, geht die Verwaltung der Mastixdörfer auf Agha Sakiz Emini über, der sein Interesse auf die Erhaltung des Mastixmonopols konzentrierte, indem er den Schmugglern harte Strafen auferlegte gleichzeitig aber auch sehr günstige Lebensumstände für ihre Bewohner schuf. Immerhin hatten somit die Bewohner der Mastixdörfer keine Probleme während der Türkenherrschaft, obwohl sie nicht einmal einen kleinen Anteil an ihrem natürlichen Reichtum besitzen durften. Die Natur selbst war aber hart gegen sie. Durch das verheerende Erdbeben von 1881 erlitten alle südöstlichen Dörfer große Schäden. Heute existieren insgesamt 24 Mastixdörfer einige von ihnen in sehr gutem Zustand, darunter das wichtigste und größte Dorf Pyrgi. Weitere Dörfer sind Mesta, Olympi, Kalamoti Armoia, Kallimassia, Nenita und Wessa.

Durch Sieben werden die einzelnen Tropfen des Mastix gesammelt und verarbeitet.

4 DIE STADT

Chora, wie auf allen griechischen Inseln die Hauptstadt genannt wird, ist erbaut auf der Mitte der Ostseite der Insel, ausgerichtet nach der Halbinsel von Erythrea, als Zeichen ihrer engen Bande zu Ionien und den Küsten Kleinasiens aus der Antike. Sie befindet sich an der engsten Stelle der Durchfahrt zur nördlichen Aegäis und nach Konstantinopel. Deshalb besaß ihre geografische Lage über Jahrhunderte hinweg eine unverändert herausragende Bedeutung. Obwohl die genaue Lage des antiken Chios wegen Fehlens von größeren Ausgrabungen nicht bekannt ist, wird sie von Archäologen dort vermutet, wo sich die heutigen Stadtgrenzen befinden. Funde an der Südwestseite des Platzes Wounakio und die Friedhöfe deuten auf das Vorhandensein einer ionischen Stadt mit einem riesigen Hafen für 80 Schiffe, mit einem Theater und einem großen, der Göttin Athena geweihten Tempel und einem großen Marmordenkmal, hin. Es wird vermutet, daß der Hafen vor der Festung lag, während die Stadtmauern bis zur Küste reichten.

Die beiden Friedhöfe wurden an den Stellen Risari und Kofina entdeckt. Der erste stammt aus der Geometrischen Zeit und der zweite aus dem Ende des 7. Jahrhunderts v. Chr. Die Stadt setzt ihr Leben bis zum Ende der Antike fort, wie Funden altchristlicher Kirchen in dieser Gegend zu entnehmen ist. Sehr wenig ist allerdings über die byzantinische Zeit bekannt.

Luftaufnahme der Stadt.

CHIOS (Chora)

Später wird Kastro zum Mittelpunkt der Entwicklung der Stadt und bildet für viele Jahre das Verwaltungszentrum der Insel.
Nach und nach aber, ab den ersten Jahren der Genueserherrschaft beginnt auch hier das sog. "proastion" (Vorort), eine neue Siedlung außerhalb der Mauern, zu entstehen.
Sein Anfang war der Hafen wegen der Bedürfnisse des Handels. Seine Hauptstraße, die Aplotaria, wird bereits ab dem Jahr 1555 und der Platz Wunakio ab 1639 erwähnt. In dieser Zeit und während der Türkenherrschaft wird Chios als eine reiche und angenehme Stadt mit lebhaftem Tun und Treiben und mit zweistöckigen Häusern, die an Genua erinnerten, erwähnt. Es ist die Epoche des Wohlstandes, in der auch die Siedlungen außerhalb des Kastro über eine Befestigung verfügten. Die Führungsschicht unterhielt auch eine Zweitwohnung in dem Gebiet von Kambos, wo die Wohnverhältnisse angenehmer waren. Es folgen das Massaker von 1822 und das Erdbeben von 1881. Die Stadt wird fast völlig zerstört. Nur wenige Ruinen bleiben von der Siedlung übrig, die jeden Reisenden im 18. Jahrhundert beeindruckte.
Die neuere Stadt erhielt einen anderen Charakter. Große Kirchen und neoklassizistische Häuser, beeinflußt von der Bauweise des gegenüberliegenden Smyrna, haben der Stadt eine neue Couleur gegeben. Trotz ihrer ständigen Renovierung versucht die Stadt heute, ihre verfeinerte architektonische Umgebung, die sie zu einer einzigartigen Stadt gemacht hat, zu erhalten. Zahlreiche Elemente existieren harmonisch nebeneinander zusammen mit den neuen Daten, wie auf dem Platz Wounakio, wenige Meter vom Zentrum des Hafens entfernt, der von neuen Verwaltungsgebäuden, Cafés und der alten Moschee mit dem Minarett umgeben ist.
Dort ist heute das **Byzantinische Museum** untergebracht.

Das Minarett der Moschee, in der sich heute das byzantinische Museum befindet, und der Marmorbrunnen von Malek Pascha sind zwei von vielen Sehenswürdigkeiten der Stadt.

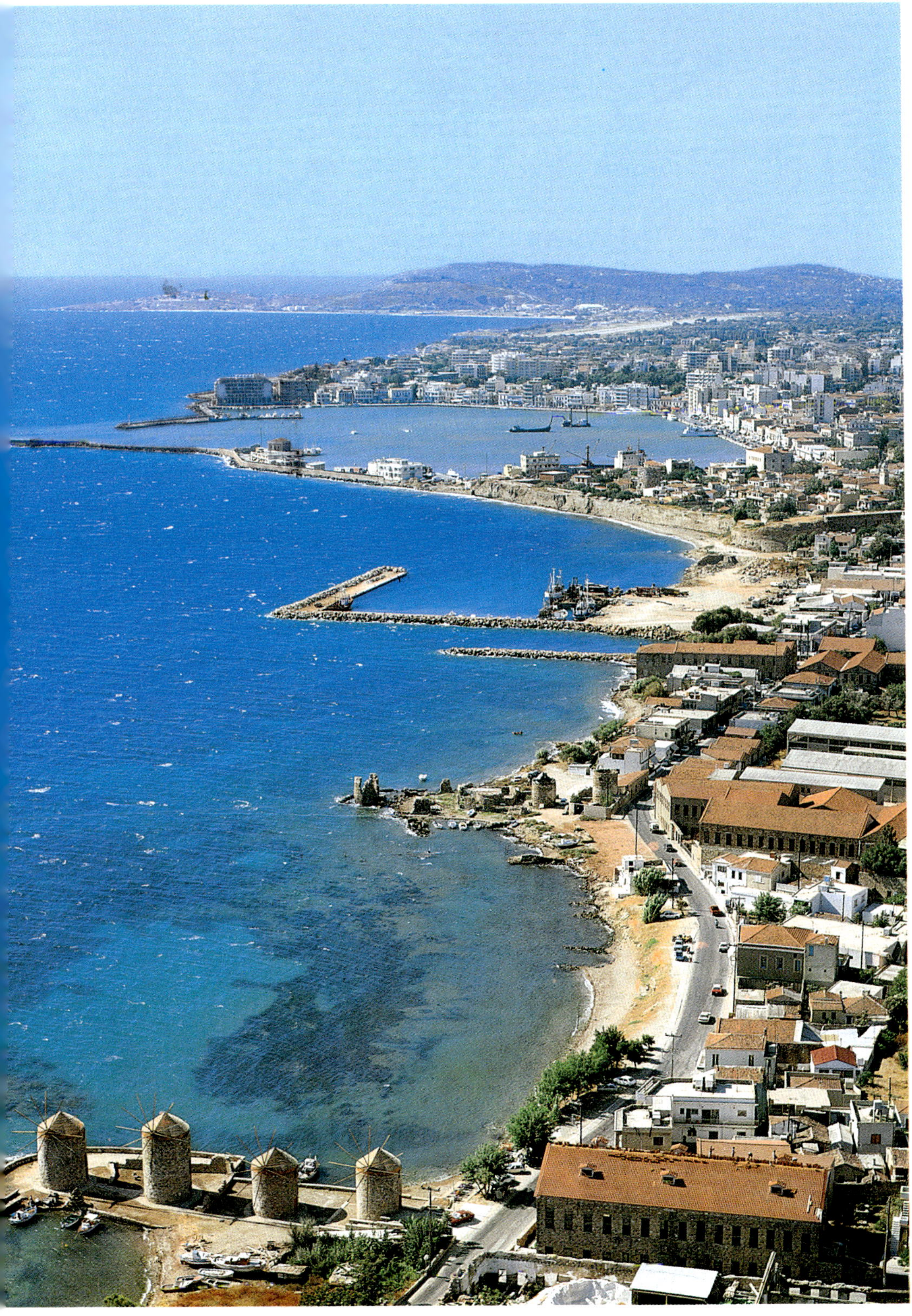

Aus der altchristlichen und der byzantinischen Epoche sind eine Sammlung architektonischer Teile und Vasen erhalten. Vorhanden sind wertvolle Inschriften aus der genuesischen Periode, für Chios von großer Bedeutung, sowie ganz seltene Skulpturen aus der frühitalienischen Renaissance vorhanden. Drei davon, fast unversehrt, sind Türschwellen an Eingängen von Luxushäusern in Kastro und stammen aus dem 15. und 16. Jahrhundert. Neuere Skulpturen, beeinflußt von der westlichen Mentalität, zusammen mit türkischen und hebräischen Grabstelen werden ebenfalls im Museum von Chios aufbewahrt.

Dort in der Nähe, Richtung Aplotaria, an der Michalosstraße finden wir auch das **Archäologische Museum** von Chios mit Funden aus der Steinzeit. Die älteren Exponate sind Tongefäße und Fragmente. Aus der großen Blütezeit der Bildhauerkunst sind nur wenige Beispiele gerettet worden, sie sind aber Zeugnisse besonderer Technik und besitzen die Grazie des Ionischen Stils. Vorhanden sind auch Funde aus der Römerzeit sowie die außerordentlich bedeutende Stele Alexanders des Großen, mit der er den Wechsel der Staatsform von Olygarchie in Demokratie und die Rückkehr der Deportierten festlegte.

An der Nordseite des Wounakio-Platzes steht eine einfache Säule mit den Namen der Ortsvorsteher von Chios, die an dieser Stelle 1822 von den Türken gehängt wurden. Etwas weiter oben, am Anfang der Märtyrerstraße ist ein großer türkischer Brunnen von 1768 zu sehen.
Er ist viereckig, mit Holzdach und einem Bogen mit doppelter Rundung beiderseits.
Es handelt sich um ein bedeutendes Musterbeispiel türkischen Barockstils (1730 - 1808), der in Konstantinopel sehr stark vertreten war.

Oben: Die Säule mit den Namen der Chioten, die 1822 durch Strang hingerichtet wurden.
Unten: Alter Brunnen auf dem Wunakio-Platz.

1. Touristenpolizei
2. Hafenamt
3. Zollamt
4. Telefonamt
5. Fremdenverkehrsverein
6. Olympic Airways
7. Postamt
8. Bibliothek - Volkskunstmuseum
9. Archälogisches Museum
10. Stadium
11. Byzantinishes Museum
12. Pinakothek
13. Überlandbusse
14. "Homerio" Geistiges Zentrum
15. Präfekturbehörde
16. Bürgeramt
17. Stadtbusse
18. Stadtpark

Das Kastro

Das Kastro der Stadt hat in ␣r mittelalterlichen und neueren Geschichte der Insel eine bedeutende Rolle gespielt. Dort befand sich das Zentrum der politischen und der militärischen Verwaltung. Es hat eine Ausdehnung von etwa 400 Metern und wurde ursprünglich von den Byzantinern als Befestigung der Stadt, Ende des 10. Jahrhunderts, erbaut. Die heute noch erhaltenen Mauern haben zahlreiche Veränderungen und Verstärkungen von den Genuesern und den Türken erfahren. Die Justiniani hatten ihren Sitz im Kastro. Dort lebten der westliche Bischof, aber auch die adligen Griechen. Leider sind die Türme, der Palast und die Kirchen, von denen alle Besucher der damaligen Zeit mit Begeisterung berichteten, nicht erhalten. Es sind Aussagen über bedeutende italienische Ingenieure und Künstler vorhanden, die seinerzeit berufen worden waren, die Gebäude innerhalb des Kastro von Chios zu dekorieren. Heute umfaßt das Kastro die alte türkische Siedlung mit den kleinen Häusern und den engen Gassen, wo nur Osmanen und Juden wohnten. Der Bauplan der Stadt ist über 300 Jahre unverändert geblieben. Allerdings haben die Zerstörungen und die Erdbeben die Renovierung der Häuser notwendig gemacht, während die Bauprojekte am Hafen zu Beginn des Jahrhunderts das Gesicht von Kastro veränderten. Sein Südteil wurde abgerissen und der Graben verschwand unter den Aufschüttungen. In der letzten Zeit sind Bemühungen um die Rettung und den Wiederaufbau des Kastro im Gange. Sein Haupteingang (Porta Maggiore) befindet sich an dessen Südseite, nahe dem Wounakio-Platz, hinter dem Rathaus. Es weist eine dreifache Anordnung mit zwei Kurven und einer überdachten Stoa, die eine Arkade bildet, auf. Das Tor wird geschützt durch einen kreisförmigen Turm, der von den Venezianern erbaut wurde. Auf dem Platoma, dem Platz hinter dem Ausgang aus der Stoa dominiert das auf alt renovierte Megaro Justiniani, ein Verwaltungsgebäude spätgotischer Architektur mit großen, von Kuppeln bedeckten Räumen, hergestellt aus örtlichem Tuffstein. Hier ist heute das Justiniani-Museum untergebracht. Es beinhaltet Schätze aus byzantinischen Kirchen, altchristliche Mosaiken, byzantinische und nachbyzantinische Wandmalereien und Holzschnitzereien. Auf demselben Platz gibt es einen großen viereckigen Saal, bedeckt mit vier scharfkantigen Kreuzkuppeln.

Haupteingang zum Kastro.

Der Saal ist in der Mauer integriert, seine Nutzung war bis zum Jahr 1822, als er in einen Kerker umgewandelt wurde, unbekannt. Dort waren 40 Tage lang die Ortsvorsteher von Chios und der Metropolit Platon inhaftiert, bevor sie am 23. April 1822 von den Türken durch Strang hingerichtet wurden. Etwas weiter nördlich, auf dem nächsten Platz treffen wir den türkischen Friedhof, wo die Marmorgrabstelen berühmter türkischer Würdenträger stehen. Hier liegt auch Kapetan Pascha Kara-Ali, der Befehlshaber der türkischen Flotte begraben, die von Kanaris am 7. Juni 1822 als Repressalie gegen das Massaker von Chios in Brand gesteckt wurde. Die Friedhofsstelen sind nicht nur in historischer, sondern auch in künstlerischer Hinsicht interessant. Die Reliefs sind ein glänzendes Beispiel der osmanischen Kunst, die sich Elemente des Barocks ausleiht und viele Ähnlichkeiten mit der Volksdekorationskunst des 19. Jahrhunderts in Griechenland besitzt. Links von der Hauptstraße sind die Ruinen einer kleinen Moschee, der Batrakli-Moschee, vorhanden, die auf einer christlichen Kirche errichtet wurde. Weiter auf derselben Straße stoßen wir auf die Kirche Aghios Georgios. Sie wurde um 993 n. Chr.

Teil des Mauern des Kastro.

als byzantinische Kirche gebaut, dann als eine große genuesische Kirche genutzt und schließlich 1566 in eine Moschee umgewandelt. Die Hauptstraße endet an der Nordecke des Kastro, wo man auf der linken Seite die türkischen Bäder mit den kugelförmigen Kuppeln aus dem Jahr 1700 betrachtet. Vom Dach des nördlichen Rundturms erblickt man das Meer in seiner ganzen Pracht. Von dort erkennt man die Seemauer, den Mittelwall und den Graben. Dieser Turm ist bekannt als der Turm von Antonio Zeno.

Er wurde 1694 von den Venezianern neugebaut. Der Zeno-Turm war nach Befestigungsbedürfnissen jener Zeit, als man große Kanonen benutzte, errichtet worden. Er war ausgestattet mit einem kompletten Verteidigungssystem, hatte eine Brüstung auf dem Dach, Schießscharten an der Basis und innere Verbindungswege für die Soldaten.

Im Inneren des Gebäudes gibt es die Krya Vryssi (Kalter Brunnen), eine große, halbunterirdische Wasserzisterne mit einem Dach aus Kreuzkuppeln gestützt auf acht Pfeilern.

Ursprünglich pumpte man das Wasser über eine kuppelbedeckte Stoa, die sich über die gesamte Länge der Ostseite des Bauwerks ausdehnte. Später baute man einen kleinen Brunnen an der Südostseite des Gebäudes. Obwohl die Kuppeln auf die genuesische Herkunft des Monuments hindeuten, ist es wahrscheinlich, daß dieses von den Byzantinern errichtet wurde. Das Kechri, ein kleiner Tempel mit antiker Maurerarbeit und Ziegel, gilt ebenfalls als ein alter byzantinischer Überrest. Etwas weiter unten erhebt sich Koules, ein massiver türkischer Turm der neueren Zeit. Es gibt Aussagen, nach denen auf seiner Stelle ein anderer genuesischer Turm, die "Stenla" und das Waffenlager standen. Die Türme und die Mauern des Kastro heben sich besser ab, wenn man sie von der Außenseite betrachtet. Das Baumaterial, das man verwandt hat, sind ungeschliffene, rechteckige Steine, Kalkstein, der imponierende Stein von Thymiana oder auch die grauen Steine von Fokea. Der Turm neben dem Haupteingang war der wichtigste. Auf dessen Dach erschienen die Machthaber während der Genueserherrschaft, um an die Volksmengen zu sprechen, die sich auf dem Handelsplatz versammelten.

Am nächsten Turm, Richtung Westen, sind noch die Wappen Genuas und Justiniani mit der Jahresangabe 1425 erhalten.

Die moderne Stadt

Wir verlassen das Kastro und kehren zurück zum Platz Wounakio, dem Zentrum der Stadt mit den riesigen Platanen und den vielen Cafés.
Dort beginnt die Straße Aplotaria, die historisch zentrale Handelsstraße Chios', die nach Süden führt. Diese Straße vereinigt den stärksten Verkehr der Stadt, hier gibt es Geschäfte aller Art, wo die modernsten Waren parallel zu den wohlriechenden, traditionellen, in Sirup eingelegten Früchten, dem aromatischen Mastix und dem berühmten Ouso angeboten werden.
Ihren Namen verdankt sie den alten Händlern, die ihre Ware auf der Straße ausbreiteten, um sie den Kaufinteressenten vorzuführen. Diese Gegend ist voll von parallellaufenden kleinen Gassen, die von allen Seiten zum Zentrum führen. Wenige Hundert Meter dahinter stoßen wir unerwartet auf das religiöse und geistige Zentrum der Insel. Die Kathedrale Aghion Viktoron, nach dem Erdbeben von 1881 erbaut, dominiert in der Gegend. Etwas weiter befindet sich das berühmte Gymnasium von Chios, ein gepflegtes Mauerwerk neoklassizistischer Architektur und großer Geschichte. Es stammt aus der berühmten Schule von Chios, die 1792 gegründet wurde und ihren Betrieb bis zur Zerstörung der Insel, 1822, fortsetzte, zu einem Zeitpunkt, als das übrige Griechenland unter dem türkischen Joch litt. Die wirtschaftliche Blüte Chios' und seine Autonomie vor den Türken hatte die Bildung einer starken geistigen und kulturellen Entwicklung zur Folge. 1832 nahm die Schule erneut ihre Tätigkeit auf. Dort unterrichteten namhafte Lehrer dieser Zeit, wie A. Parios, Theodoros Proios, Neofytos Vamvas und viele andere. Fast gegenüber vom Gymnasium von Chios ist die Korais-Bibliothek, eine der größten und beachtlichsten Bibliotheken Griechenlands mit über 135.000 Bänden, untergebracht.

Das Gebäude der Korais-Bibliothek, in dem auch das Vokskundemuseum Argentis ist.

Das alte Gebäude der Bibliothek war Teil der Schule. Nach der Bombardierung von 1822 wurde es neuerrichtet und nahm die private Bibliothek von Adamantios Korais (3.500 Bücher) auf, von denen viele seine eigenen handschriftlichen Notizen tragen. Unter ihnen befinden sich unschätzbare Ausgaben über den Feldzug Napoleons in Aegypten.

*Das **Ethnologische** und **Volkskunstmuseum Argentis** ist in dem eigens eingerichteten zweiten Stock der Korais' Bibliothek untergebracht. Es umfaßt eine besonders repräsentative Sammlung örtlicher Trachten und viele Stickereien aus jedem Dorf Chios'. Webartikel, Kupferstiche, sehr alte, holzgeschnitzte Geräte und Werkzeugartikel sowie historische Gemälde und Portraits der Würdenträger aus der Privatsammlung der Familie Argentis führen den Besucher in die lebhafte Atmosphäre jener Zeit zurück.*

Außer dem Platz Wounakio und der Straße Aplotaria bildet der Hafen eines der lebendigsten Gebiete der Stadt. Eine Fülle von Restaurants, Snack-Bars und Cafeterien vermitteln Tag und Nacht ein fröhliches Bild, indem sie einen Anziehungspunkt für Reisende und Einheimische bilden.

*Ein anderes touristisches Gebiet im Süden der Stadt mit intensivem Nachtleben ist die Uferstraße **Bella Vista**, die moderne Hotels, Restaurants und Bars für Ganznachtsvergnügen bietet. Wenn wir die Stadt in Richtung Karfas verlassen, finden wir nach vier Kilometer die Ionische Schwimmhalle, eine bedeutsame moderne Anlage, die das Interesse der Chioten für die Jugend und den Sport demonstriert. Die Stadt Chios hat eine Städtepartnerschaft mit der Stadt Genua in Italien geschlossen, mit der sie zahlreiche Bande verbinden.*

Diese Initiative geht auf eine Reihe von Aktivitäten der Bürger von Chios zur Erhaltung der traditionellen Architektur der Insel zurück.

Blick auf den nächtlichen Hafen von Chios.

Kambos

Im Süden der Stadt liegt die Ebene von Chios, bekannt als Kambos, ein idyllisches Gebiet, einmalig in der Aegäis.

Kambos ist vollbewachsen mit Zitrusgärten reich an unterirdischen Quellen und besitzt den fruchtbarsten Boden von Chios. Er ist voll von Landgütern und prachtvollen Residenzen alter aristokratischer Familien Chios'. Die Reisenden im 18. und 19. Jahrhundert haben die Schönheit dieser Gegend in allen Einzelheiten beschrieben. Beim Bummeln durch die unzähligen Gassen und die labyrinthartigen Wege von Kambos wird man fasziniert von seinen zwei- und dreistockigen "archontika" (Residenzen).

Vornehmlich aus dem wunderschönen Stein von Thymiana mit der eindrucksvollen roten Erdfarbe gebaut, sind sie umgeben von hohen Steinmauern mit imposanten Hoftoren, die wegen ihrer prachtvollen bogenartigen Eingänge hervortreten.

Hinter der strengen Fassade verbarg sich eine andersartige angenehme Welt:

Ein großer Hof mit kunstvoll angelegtem Kieselsteinfußboden, reiche Blumengärten mit großen Alleen und Stoas, der Ziehbrunnen für die Bewässerung und die Marmorzisterne, abgedeckt mit einer Pergola und einem emporrankenden Weinstock.

Dazwischen liegt eine große Residenz mit ihren zwei oder drei Stockwerken, doppelter Freitreppe, die zum ersten Stock mit schönem Ausblick über die Bäume führte. Das Erdgeschoß der Wohnhäuser wurde als Lagerraum oder als Dienerraum genutzt.

Oft ragten aus der Innenseite der Steinmauern dichte, haushohe Zypressen zum Schutz der empfindlichen Zitrusbäume vor dem Wind und des Privatlebens der Hauseigentümer heraus.

Die Besiedelung von Kambos begann von den Bewohnern Maonas und den örtlichen Potentaten um das 14. Jahrhundert.

Man schätzt, daß dort früher etwa 200 Landgüter vorhanden waren, jedoch sind heute nur sehr wenige davon erhalten. Trotzdem bewahrt Kambos seinen alten Glanz und vermittelt dem Besucher die Atmosphäre einer alten romantischen Zeit.

Heute versuchen viele Eigentümer von Residenzen, diesen ihre ursprüngliche Form der ersten oder der zweiten Bauphase nach 1881 wiederzugeben. Einige von ihnen wurden in wunderschöne traditionelle Gästehäuser umgewandelt. Die bedeutendsten, noch in sehr gutem Zustand erhaltenen und für die Kambos-Architektur repräsentativen Residenzen sind die von Kasanova oder Mermingas, Mavrokordatos Lakanas in Frangowuni, von Sigomalas und von Kalutas. Das besterhaltene Gut ist das von Filippos Argentis, an der Argentisstraße. Es ist seit 1937 zum größten Teil wiederhergestellt und bildet ein vortreffliches Beispiel für die Baukunst der Residenzen von Chios.

Details aus den beeindruckender Hoftoren und den großartigen Archontika (Residenzen) von Kambos.

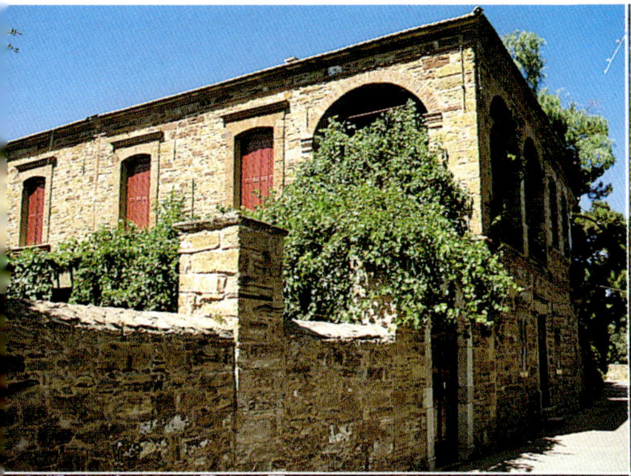

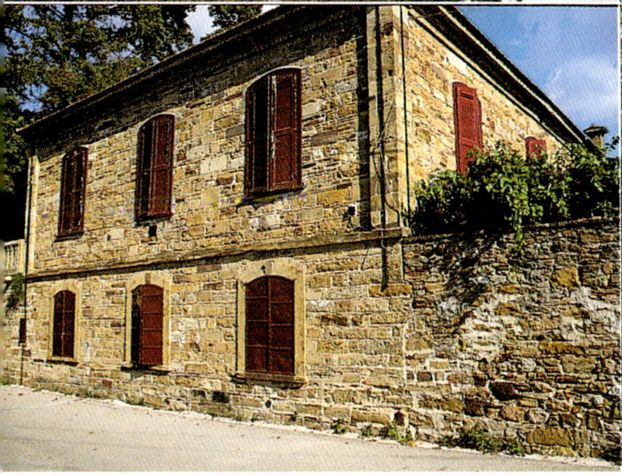

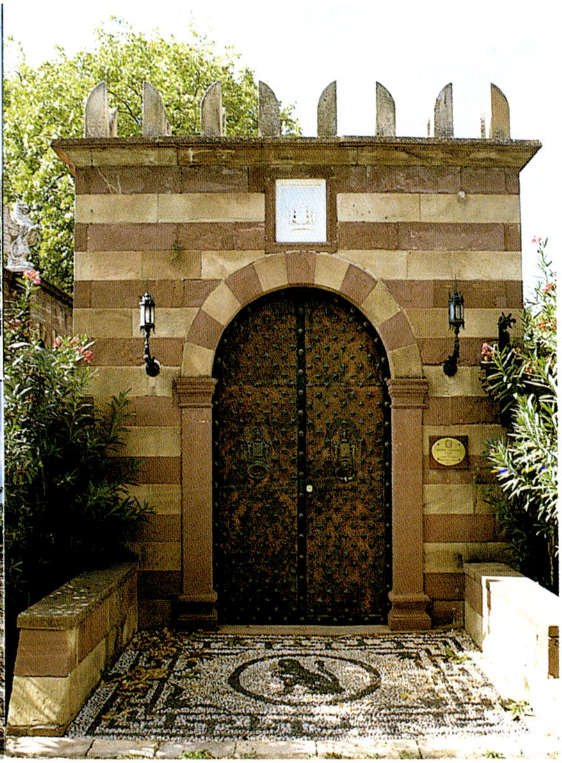

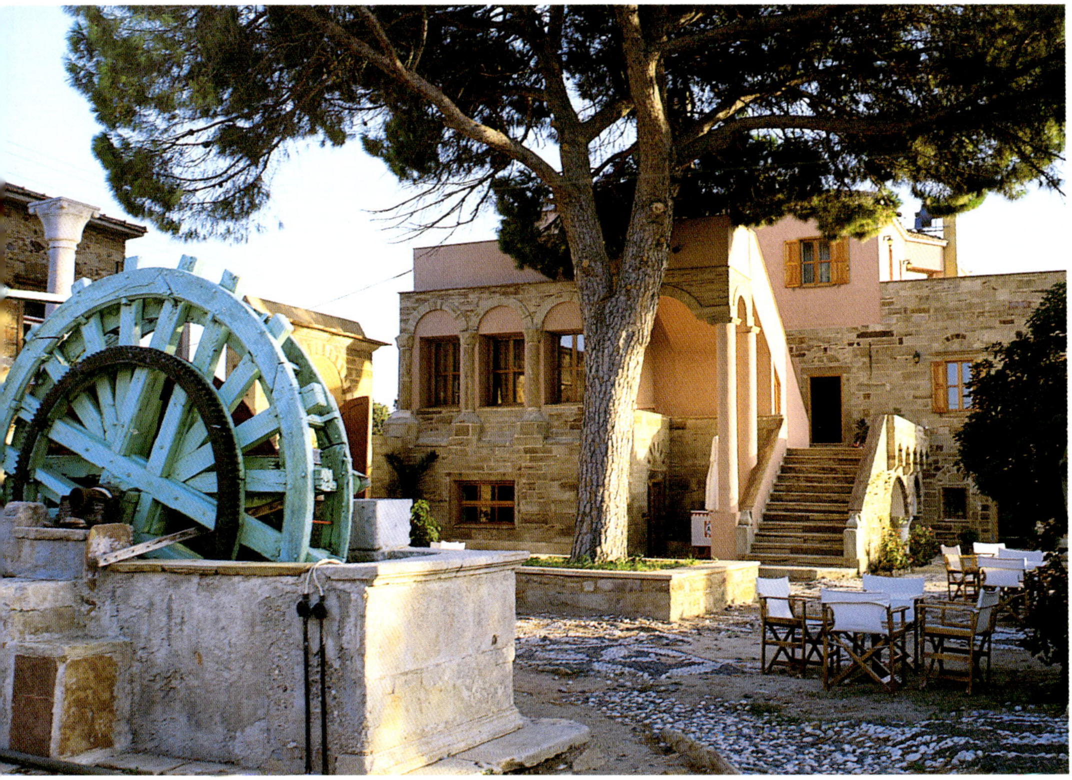

5
SÜD-ÖSTLICHES CHIOS

Karfas - Aghia Ermioni - Megas Limnionas - Tymiana
Nechori - Aghia Fotia - Kallimassia - Katarraktis

Wir begrüßen Sie im weltbürgerlichsten aller Teile von ganz Chios. Die gesamte östliche und südliche Seite der Insel ist touristisch sehr stark entwickelt. Hier befinden sich die meisten Touristenanlagen, die in der Lage sind, den höchsten Ansprüchen jedes Besuchers zu entsprechen. Moderne Hoteleinheiten, selbständige Appartments, Pensionen, zu vermietende Villen und Zimmer in der schönen, natürlichen Umgebung der südöstlichen Küsten bieten sich an für einen erholsamen Ferienaufenthalt. Die phantastischen Sandstrände von Karfas, Megas Limnionas und Komi nehmen gastfreundlich die Sommergäste auf und bieten Möglichkeiten für Wassersport an. Dort und an den meisten Stränden der Umgebung gibt es Restaurants und Tavernen mit schmackhaften mesedes (verschiedene Vorspeisen), frischem Fisch und Meeresfrüchten. Tag und Nacht herrscht an diesen Stränden lebhaftes und lustiges Treiben. Die malerischen kleinen Häfen von Aghia Ermioni, Aghia Fotia und Katarraktis mit ihren kleinen, ruhigen Kieselstränden verleihen der Landschaft eine spezielle Dimension. Selbst die im Landesinneren befindlichen Dörfer haben etwas Außergewöhnliches zu bieten. Mehrere Sehenswürdigkeiten begegnen uns auf dieser Rundfahrt. Versäumen Sie nicht, in Thymiana die große Kirche von Aghios Efstratios, ganz aus dem berühmten Stein von Thymiana erbaut, zu besichtigen. Auch lohnt es sich, die Klöster Aghios Minas und Nechori sowie Panaghia Plakidiotissa in Kallimassia aus der Nähe zu bewundern. Hier beginnt auch unsere erste Bekanntschaft mit den malerischen Mastixdörfern. Es handelt sich um einige dieser mittelalterlichen Dorffestungen mit der ungewöhnlichen äußeren Befestigung zum Schutz der Mastixdörfer vor den Angreifern der damaligen Zeit. Genannt werden hier die Dörfer Kallimassia, Nenita und Kalamoti. Die ruhige Landschaft mit den flachen Hügeln auf unserem Weg nach Süden wird ergänzt durch unzählige Plantagen von Mastixbäumen und von fruchtbaren Olivenhainen.

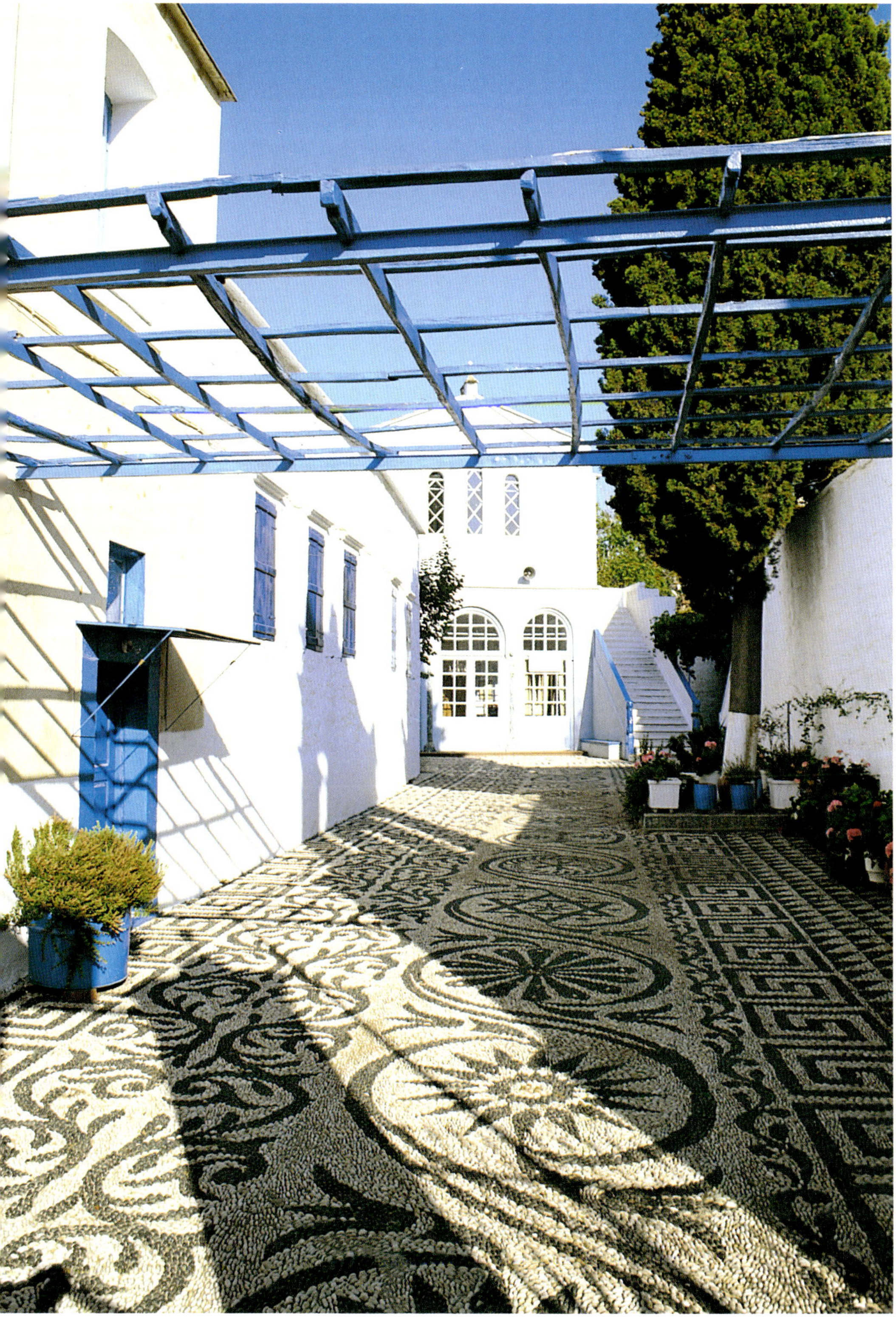

Karfas - Aghia Ermioni

Südlich der Stadt Chios folgen wir der Küstenstraße, die am Flugplatz und am Bezirk Kontari mit den vielen Vergnügungslokalen vorbeiführt und gelangen zum Kap Frangowuni. In diesem Vorort gibt es das **Kloster der Heiligen Konstantin und Helene**, gegründet von Osios Pachomios, 1898, in dem strenge Regeln klösterlichen Lebens herrschen. Der Zutritt von Männern in das Kloster ist verboten. Man sagt, daß sich in dem Kloster zahlreiche Wunder ereignet haben.

Nach 6 Kilometer sehen wir Karfas, die touristisch am stärksten entwickelte Gegend der Insel. Ihr Name stammt möglicherweise aus dem homerischen Wort "karfaleos", das trocken bedeutet. Tatsächlich fehlt es in diesem Ort an Quellwasser. **Karfas** verfügt über einen der schönsten Strände der Insel. Sein riesiger, breit ausgestreckter Sandstrand hat eine Länge von ca. einem Kilometer und der feine Sand lässt das kristallklare Meerwasser wie Smaragd leuchten. Das Meer ist an dieser Stelle untief und für Kleinkinder geeignet. Die Aufwertung Karfas' in einen Erholungsort für Touristen erfolgte in den letzten Jahren mit rasender Geschwindigkeit, so daß der Ort zu einem Gebiet mit kosmopolitischem Flair wurde, das Tag und Nacht vor Leben strotzt. Er ist voll von Gästeunterkünften, angefangen von den luxuriösesten Hotels bis einfachen Gästezimmern. Eine Menge von Restaurants, Tavernen, Bars, aber auch Geschäften jeder Art sorgen rund um die Uhr für das Wohl der Besucher.

Hinter Karfas führt die Küstenstraße inmitten des Duftes von Mastixbäumen und Thymian durch die Plaka, einen berühmten Weinort der genuesischen Jahre und kommt nach **Aghia Ermioni**, einer schönen Siedlung mit uralter Geschichte, ihrem kleinen Hafen und den Fischerbooten neben der Kapelle von 1700. Aghia Ermioni entwickelt sich ebenfalls zu einem reichen Sommererholungsort mit schönen Wohnhäusern, Pensionen, gepflegten Hotels und Geschäften.

Megas Limnionas - Thymiana - Nechori

Etwas weiter entfernt liegt **Megas Limnionas**, ein anderer kleiner Sommerort von Chios, besonders geschützt gegen den Nordwind. Sein schöner Kieselstrand lädt den Besucher zu einem erfrischenden Bad in seinem kühlen Meerwasser ein.

Eine Reihe von Tavernen und Landgaststätten direkt am Wasser gelegen, vervollständigen das Bild. Bergauf ins Innere fahrend, enden wir in **Thymiana**, ein altes Dorf mit reicher Geschichte aus der Antike. Sein erster Name war Eufimiana, was ruhmreicher Ort bedeutet.

Es war das Gebiet mit den vielen Steinbrüchen, die den berühmten Tuffstein mit den rotbraunen Farben lieferten.

1., 2. Der kosmopolitische Strand. von Karfas.
3., 4. Megas Limnionas.
   5. Aghios Efstratios in Thymiana.
   6. Nechori.

Aus diesem Stein sind die Residenzen von Kambos, viele Kirchen in Chios aber auch an den gegenüberliegenden Kleinasiatischen Küsten erbaut. Dieses einmalige charakteristische Merkmal kann der Besucher in der Dorfkirche von Thymiana, **Aghios Efstratios**, bewundern. Sie ist eine der größten der Insel, in neubyzantinischem Stil, Stück für Stück aus dem Stein von Thymiana, erbaut. Thymiana liegt am Fuße zweier Hügel und ist entstanden aus der Vereinigung von drei mittelalterlichen Siedlungen. Heute ist sie eine der dichtbesiedelsten Gemeinden der Insel.

Die Mostra, örtlicher Brauch von Thymiana im Karneval, die die Verfolgungselemente mit der Geschichte des Dorfes verbindet, setzt die Tradition fort, indem sie großes Interesse auf sich lenkt.

Hier befindet sich das Kloster **Aghii Anargyri**, gegründet im Jahr 1639. In frühen Jahren nahmen viele Kranke Zuflucht zim Kloster, um von den wundertätigen Kräften der Heiligen geheilt zu werden. Die Überlieferung besagt, daß die Zahl der Nonnen immer 28 war. Wenn sie mehr waren, starben immer welche weg.

Das Kloster stellte seinen Betrieb 1987 ein. Heute sind Bestrebungen im Gange, dort eine kirchliche Schule zu gründen.

Nächstes Dorf nach Thymiana in südlicher Richtung ist **Nechori**, ein neueres Dorf, wie auch sein Name verrät. Es stellt seine zentrale Kirche, die Panaghia, als bedeutendes Werk der örtlichen Volksarchitektur seit dem vergangenen Jahrhundert vor.

Der neue Hafen und die Ortschaft Aghia Ermioni.

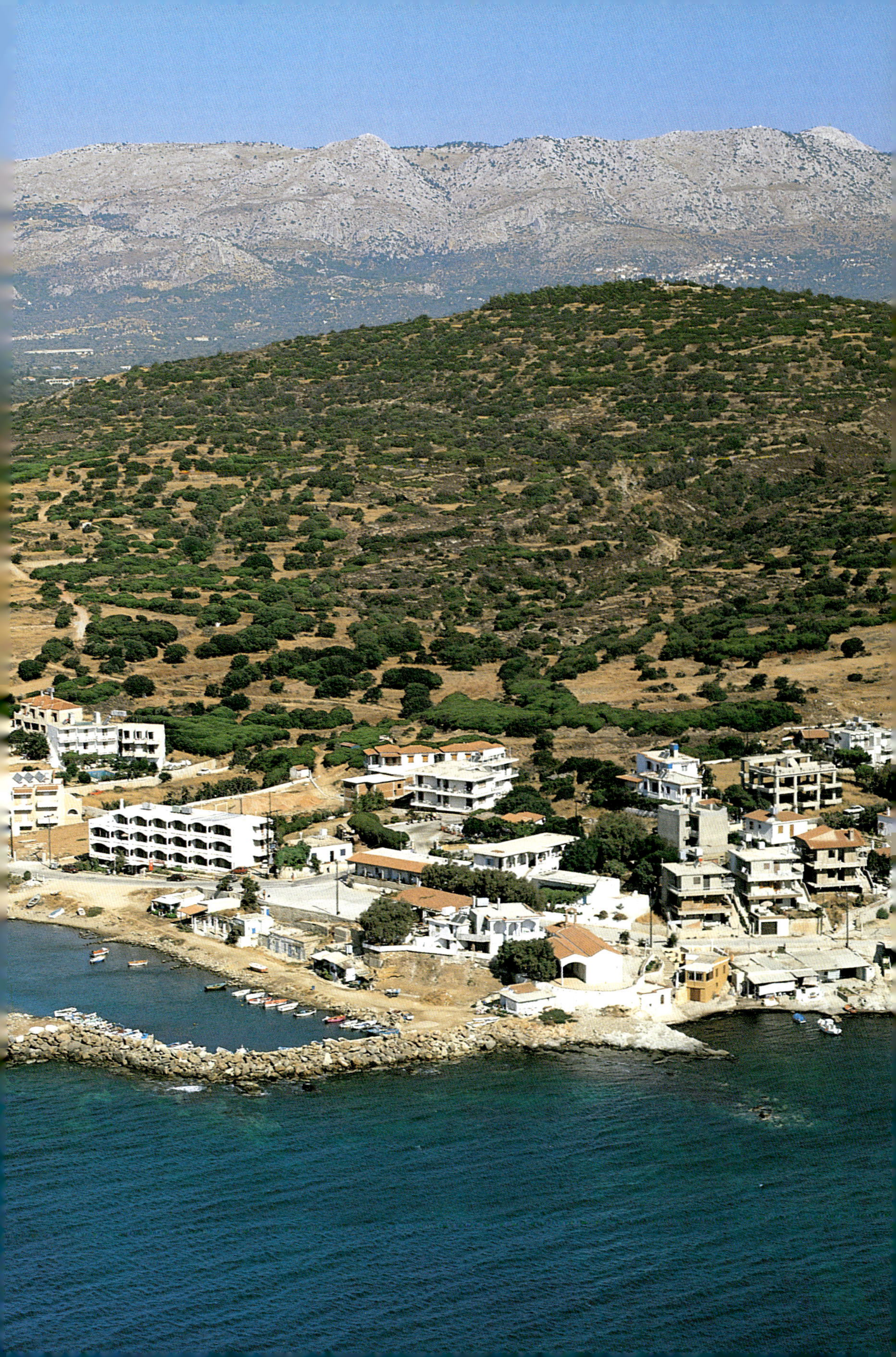

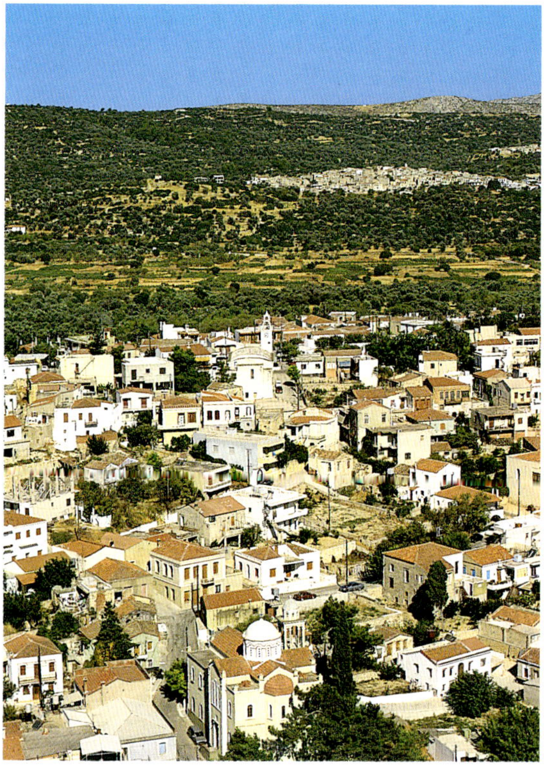
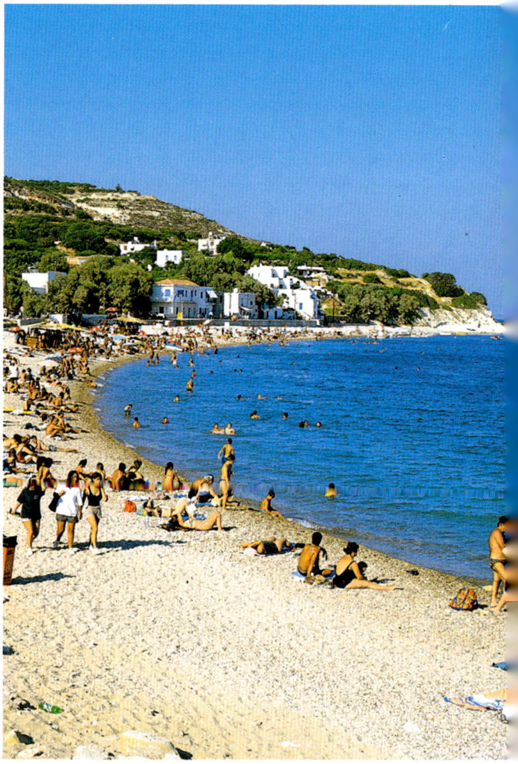
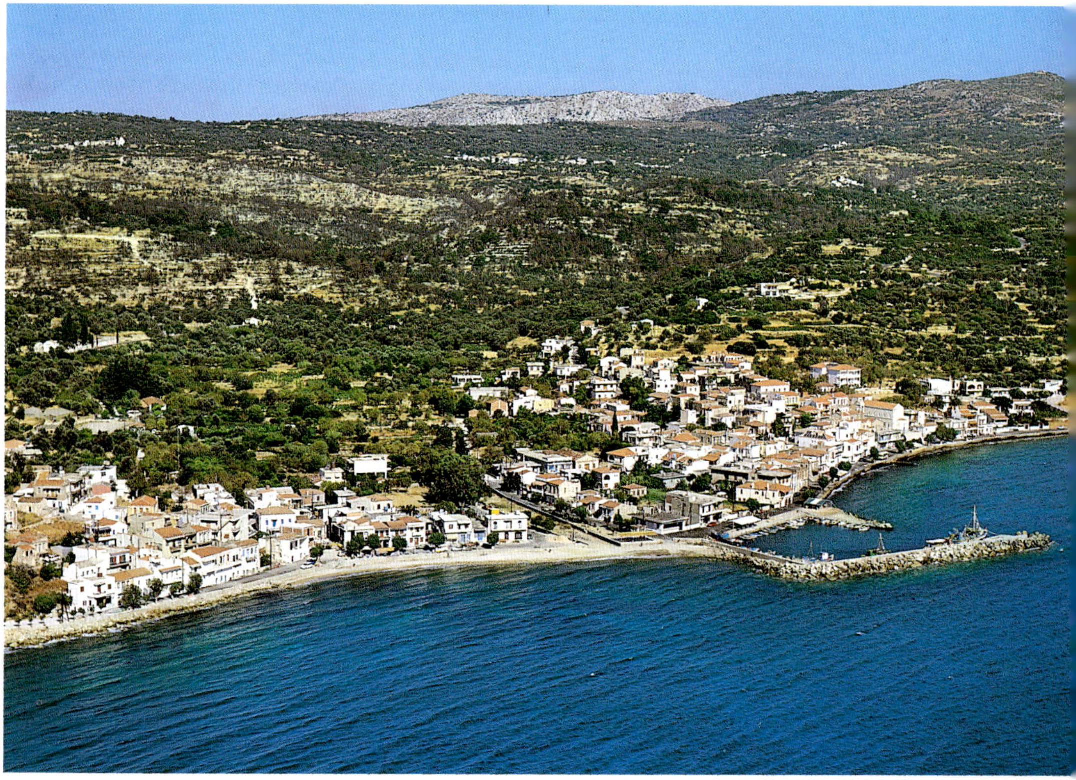

Aghia Fotia - Katarraktis - Nenita

Etwas außerhalb des Dorfes, links von der Hauptstraße, befindet sich das Kloster **Aghios Minas**, ein bedeutsames Monument, eng verbunden mit der Geschichte der Insel.
Hier fanden im April 1822, 3.000 Flüchtlinge aus der Stadt und den umliegenden Dörfern nach einem verzweifelten Widerstand gegen die Türken den Tod. Das Kloster ist zweimal instandgesetzt worden, indessen bewahrt es noch Elemente, die von den schrecklichen Ereignissen der damaligen Zeit Zeugnis ablegen. Zur Hauptstraße zurückkehrend, etwas weiter links unten treffen wir auf eine kleinere Straße, die nach **Aghia Fotia**, einen sehr schön ruhigen Strand mit Kieselsteinen und blaugrünem Wasser führt. Hier, auf diesem ruhigen Platz, gibt es einige wenige Zimmer zu vermieten und kleine Tavernen, denen sich diejenigen bedienen, die ruhige Ferien und Konzentration suchen.
Die Landschaft verändert sich, je weiter wir unsere Reise nach Süden fortsetzen.
Auf den Hügeln mit den schmalen Tälern dazwischen begegnen wir außer jahrhundertealten Olivenbäumen auch den berühmten "Shina" (Büsche) Chios', den Mastixbäumen. Als erstes Mastixdorf liegt vor uns **Kallimassia**, in einer Entfernung von 13 km von Chora.
Es war eines der wichtigsten mittelalterlichen Dörfer Chios', befestigt durch Mauern, die es rundum umgaben. Das Dorf wurde durch das Erdbeben von 1881 völlig zerstört und nach und nach wiederaufgebaut. Die wenigen noch erhaltenen Ruinen des Verteidigungsturmes und seine Außenmauern zeugen von seiner Blütezeit im Mittelalter und während der Genueserherrschaft. Seine Bewohner beschäftigen sich auch heute mit dem Mastixanbau. Hier können Sie auch die schönen traditionellen chiotischen Stickereien der Frauengenossenschaft für Handarbeiten bewundern. In Kallimassia gibt es das Kloster **Panaghia Plakidiotissa**, dessen Grundsteinlegung 1625 stattfand. Es bekam seinen Namen von den Steinplatten, die man in der Umgebung fand. Während der Zerstörung Chios', 1822, wurden hier über 600 Nonnen massakriert.

Oben links: Kalimassia.
Oben rechts: Der Kieselstrand von Aghia Fotia.
Unten: Katarraktis, malerischer Sommererholungsort von Chios.

Die verlorene wundertätige Muttergottesikone wurde durch wundersame Art von der einzigen Nonne, die das Massaker überlebte, wiedergefunden und kehrte in das Kloster zurück.
Wenige Kilometer weiter unten in östlicher Richtung treffen wir inmitten schöner Olivenhaine auf das an der Küste gelegene Dorf **Katarraktis**. Es ist dies ein kleines, malerisches Fischerdorf, gebaut nach den Erdbeben von 1881 mit Elementen der Volksarchitektur, mit Obstgärten und viel Grün.
Das Gebiet ist dabei, sich touristisch auszubauen, und tendiert darauf, eines der schönsten Erholungsorte unter Wahrung seines ursprünglichen Antlitzes zu werden. Das älteste Dorf, Palios Katarraktis, befand sich im Inneren, zwei Kilometer südwestlich entfernt. Jetzt ist es verwahrlost, konzentriert aber auf sich das Interesse vieler Historiker wegen seiner verfallenen mittelalterlichen Häuser und seiner byzantinischen Kirchen. Die eine, **Aghios Ioannis Argentis**, geht wahrscheinlich auf das 14. Jahrhundert zurück und gehört dem Typ der bogenbedeckten Basilika an. Sie ist aber total renoviert außer dem Narthex, der seine noch guterhaltenen bogenförmigen Ornamente, die Keramikdekoration und die Wandmalereien bewahrt. Das Altargeländer aus Holz, wenn auch neuerer Zeit, ist ebenfalls von besonderer Kunst. Vier Kilometer weiter südlich liegt das malerische Dorf **Nenita** mit ca. tausend Einwohnern. Sein Name kommt aus dem Wort neonita, das "neugekauft" bedeutet und sich auf die Ländereien dieser Region bezieht, die dort seit dem 16. Jahrhundert existieren.
Im Dorf steht das Kloster **Pamegiston Taxiarchon**, gegründet 1305 zum Gedächtnis an den Heiligen Demetrius, ein Jahr später aber umbenannt in Moni Taxiarchon.
Das Kloster wurde durch die Erdbeben von 1881 zerstört und vor kurzem wiederaufgebaut.
Der Strand Vokaria, der sich in dieser Gegend befindet, ist der nächstgelegene Punkt zu den Kleinasiatischen Küsten. Ein Kilometer westlich von Nenita befindet sich **Wuno**, ein kleines Dörflein mit malerischen Gässlein und hohen Steinhäusern, miteinander verbunden durch gemeinsames Dach. Über die "votes", wie man die Gänge nannte, verkehrten die Bewohner von einem Haus zum anderen, um sich vor den Angreifern zu retten.

Kalamoti - Komi - Lilikas

Das Dorf verfügte über Mauern und ein Burgtor. Nach Wuno, in Richtung Patrika, führt eine Straße rechts, ca. drei Kilometer weit, zu den Dörfern Didyma (Zwillinge). Dort, in der Nähe von **Messa Didyma**, *dem Geburtsort des Roidis, befindet sich ein weiteres, bedeutendes Kloster, das Kloster der* **Aghia Matrona**.

Roidis beabsichtigte, dort ein Ferienhaus zu bauen, der Sage nach erschien aber in seinem Schlaf die Heilige und verlangte von ihm, daß er eine Kirche baute. Seine beiden Schwestern waren die ersten Nonnen dieses Klosters. Dort lebte auch der Abt Nikiforos von Chios, wo er seine 24 Hymnen an die Heilige Matrona während der Türkenbesetzung komponierte. Heute leben im Kloster 2 - 3 Nonnen.

Von Didyma in Richtung Süden kommen wir an Patrika vorbei und erreichen **Kalamoti**. *Früher war das ein großes, reiches Mastixdorf, heute hat es weniger als tausend Einwohner.*

Kalamoti

Das Dorf bewahrt im allgemeinen ausreichend Merkmale aus der Gestalt der mittelalterlichen Dörfer, d. h. die viereckige Form mit der Befestigung ringsherum, die Bögen über den Straßen und die geschützten engen Gässchen zwischen den Häusern. Die vielen Umbauten zur Wiederherstellung der Gebäude nach den Zerstörungen haben aber seinen alten Festungscharakter verändert. Besonders interessant ist der Dialekt der Einheimischen, der sog. "dopiolalia", der bis heute zahlreiche Wörter bewahrt, die aus dem archaischen und dem homerischen Dialekt stammen. Sehr nah an Kalamoti befindet sich die Kirche **Panaghia Agrelopu**, *eine kleine Kapelle mit sehr interessanten Fresken. Sie bilden eines der wenigen Beispiele für Heiligenbildermalerei aus der Zeit der Paleologos-Dynastie, Anfang des 14. Jahrhunderts. Ihr vergoldetes, holzgeschnitztes Altargeländer nach der Volkskunst des 19. Jahrhunderts steht in*

Die herrlichen Strände von Chios.
1,2: Komi mit seinem endlosen Sandstrand.
3: Der Kieselstrand von Lilikas.

harmonischer Verbindung zu den übrigen Elementen. Von Kalamoti geht die Straße bergabwärts zur Küste und enthüllt vor uns die langgestreckte Ebene und den Strand von Komi. Das Gebiet gilt als eines der reichsten Gebiete auf der Insel. Hier werden sehr viel Gemüse und die berühmten Wassermelonen von Kalamoti erzeugt. Die Küste von **Komi** verfügt über einen riesenlangen Sandstrand, einen der schönsten Chios'. Er ist ideal für Schwimmen und Wassersport in seinem tiefblauen Wasser. Hier kommt der Nordwind nicht hin und so ist das Meer ruhig und gastfreundlich. In den letzten Jahren entwickelt sich Komi mit rasender Geschwindigkeit zu einem modernen Touristenbadeort. Entlang der Küste finden wir Restaurants mit schmackhaften mesedes, frischem Fisch und echter griechischer Küche, die die kulinarischen Bedürfnisse der Besucher befriedigen.
Zwischen dem Strand und den Geschäften lädt zu jeder Tageszeit ein mit Platten ausgelegter Fußpfad zu einem gemütlichen Spaziergang ein.

In der zentralen Fußgängerstraße gibt es ferner Geschäfte für Gebrauchsgegenstände der Touristen. Hotels und Gästezimmer bieten in den Sommermonaten einen angenehmen Aufenthalt an. Im Westen erkennt man den konischen Hügel mit der Kapelle des Propheten Elias. Von dort genießen wir einen bezaubernden Blick auf die Ebene und das Meer.
Derselbe Hügel erlaubt von seiner Westseite einen Blick auf das Gebirge Emborio und dessen Vorläufer, wo man bedeutende antike Ruinen entdeckt hat.
Die Küste Komis reicht nach osten bis **Lilika**, einer anderen malerischen Ortschaft. Wir kehren nach Kalamoti zurück und nehmen die Hauptstraße nach Chora, der wir in Armolia begegnen.

6
SÜD CHIOS

Wawili - Sklawia - Armolia - Emborio - Dotia
Pyrgi - Fana - Olympi - Mesta Limenas - Wessa

Der Südteil von Chios bietet dem Besucher Bilder von einmaliger Schönheit. Niedrige Hügel umarmen die Landschaft und dehnen sich bis ans Meer aus. Sie sind bedeckt von dem Grün der Mastixbäume, dieser ungewöhnlichen Büsche mit dem durchsichtigen Harz. Im Sommer spürt man überall den dezenten Geruch des Mastix. Jahrhundertealte Olivenbäume ergänzen die Vegetation. Die Straßen, meist in gutem Zustand, schlängeln sich von einem Hügel zum anderen und lassen hinter ihren Kurven die kleinen Dörfer der Gegend auftauchen. Das sind die berühmten Mastixdörfer, die malerischen Dorfburgen mittelalterlichen Ursprungs. Obwohl nur noch wenige dieser Dörfer so wie früher erhalten sind, bewahren sie viele von ihren Merkmalen, die sie einzigartig machen. Charakteristisch waren die hohen Mauern der Randhäuser, die einen Verteidigungswall für die Bewohner und Mastixanbauer gegen arglistige Piraten bildeten sowie der zentrale Turm in der Mitte des Dorfes und die mit Platten bepflasterten, bogenförmig überdachten Gassen. Wenn man durch die labyrinthartigen kleinen Gassen von Pyrgi oder Messta bummelt, glaubt man sich um Jahrhunderte zurückversetzt in eine andere Zeit, voller Geheimnisse und Bezauberung. Von den ursprünglichen 27 Mastixdörfern sind heute noch 24 vorhanden. Es ist Pyrgi, das bilderbuchschöne Dorf mit den traditionellen Wandreliefs an den Fassaden der Gebäude, Beispiele einer schwierigen und seltenen Kunst, die den Lauf der Jahrhunderte überdauerte. Es ist Mesta, das besterhaltene mittelalterliche Dorf mit seiner äußeren Befestigung, seinen nach altem Baustil renovierten Steinbauhäuschen und seinen engen, dunklen Gässchen. Es sind ferner Olympi, Kalamoti, Kallimassia, Nenita, Wessa und Armolia, alles Dörfer, voll von bedeutenden byzantinischen Monumenten. Hier und da sind Ruinen altgriechischer Monumente verstreut. Am Hafen von Emborio hat man eine ganze antike Stadt entdeckt. In Fana sind einige Überreste des berühmten Tempels Faneos Apollon entdeckt worden. Einige der schönsten Strände Chios' befinden sich in ihrem südlichen Teil. Es sind dies Mavros Gialos und der danebenliegende Foki mit seinen abgerundeten schwarzen Kieseln, Überreste der Lava aus dem wutentbrannten Psaronas, dem nicht mehr aktiven Vulkan der Region.

Der malerische kleine Hafen von Wrulidia.

Wawili - Armolia

Von der Stadt Chios in südlicher Richtung ausgehend folgen wir der inneren Hauptstraße, die an den schönen Residenzen von Kambos vorbei zu den zentralen Mastixdörfern führt. Nach dem Dorf Vassilioniko verschwindet die flache Landschaft mit den reichen Obstgärten. An deren Stelle erscheinen niedrige Hügel mit weniger üppigen Vegetation, hauptsächlich Olivenbäumen. 8 Kilometer von Chora entfernt liegt das neuere malerische Dorf **Wawili***. Nach einem Kilometer beginnt rechts ein kleiner Feldweg, der durch Olivenhaine zur berühmten Kirche* **Panaghia Krina** *führt. Sie wurde 1287 errichtet und gilt als echte Nachbildung der Kirche Nea Moni. Das Unregelmäßige an ihrer Maurerarbeit macht die Kirche malerisch, ihre hohe Kuppel harmoniert bestens mit den übrigen Teilen.*

Die natürliche Vielfalt der Materialien und die lebhaften Schattierungen verleihen dem Raum eine besondere Vitalität. Ihr Altargeländer ist durch neuere Holzschnitzereien ersetzt worden. Auf dem Fußboden ist das ursprüngliche Marmorornament mit dem geometrischen Thema der fünf Brote erhalten.

Die Malerei-Ausschmückung der Kirche repräsentiert Werke sechs verschiedener Epochen, charakteristisch für die Entwicklung der Malerei in Chios vom 13. Jahrhundert bis 1734, als der gewandte Maler Michail Chomatzas den Kunststil der Kretischen Schule in seinen Werken im Mittelschiff der Kirche widergibt. Besonders interessant ist eine seltene Darstellung am Kircheneingang, die die Vergeblichkeit des Irdischen symbolisiert.

Der Feldweg führt nach **Sklawia***, einen wunderschönen Ausflugsort mit Quellwassern und Blick auf die Dörfer des Kambos und die Südküsten. Heute ist das Gebiet verwahrlost, während der Genueserherrschaft existierte hier ein großes Gut mit Landhaus, vermutlich ein Justiniani-Besitz. Der Gebäudekomplex, obwohl nur noch als Ruinen vorhanden, ist von großem Interesse, da er von den Forschern als Vorläufer der Residenzen des Kambos gilt.*

Wir setzen unsere Fahrt auf der Hauptstraße fort, die sich hinter Tholopotami gabelt. Links geht eine Schotterstraße ab nach Kalamoti, rechts führt die Hauptstraße weiter nach Armolia.

An dieser Stelle befindet sich eine antike Mauer von 90 Meter Länge und 2 Meter Höhe, errichtet aus großen geschliffenen Steinblöcken. Sie ist als Pelasgische Mauer bekannt, obwohl die Zeitperiode ihrer Errichtung und ihre Nutzung unbekannt sind. Etwa 2 Kilometer nach der Abzweigung steht rechts der Straße nach Kalamoti, auf dem Gipfel einer Anhöhe, ein weiteres bedeutsames byzantinisches Baudenkmal, die Kirche **Panaghia Sikeliä***, die zu einem Kloster gehörte. Sie wurde im 12. oder im 13. Jahrhundert erbaut. Die Kirche verbindet mit ihrem sonderbaren Baustil Elemente einer Basilika mit Kuppel, schließt aber ab als zusammengefasster kreuzförmiger Tempel. Sie verfügt über ausreichende Ziegeldekoration und verweist auf die byzantinischen Monumente der Hauptstadt. Auf der Landstraße nach Süden erreichen wir* **Armolia***. Das Dorf hat eine sehr alte Geschichte, die meisten seiner Bauten sind aber durch neuere ersetzt worden. Die Bewohner verfügen über eine traditionsreiche Erfahrung in der Herstellung von Keramikartikeln und in deren Dekorierung. In der Panaghia-Kirche, die mit der Hauptkirche des Heiligen Demetrius verbunden ist, besteht eines der schönsten Altargeländer der Insel, gefertigt im Jahr 1744. Auf einem Hügel im Westen des Dorfes befindet sich die Burg Apolichnon. Eine darin noch erhaltene Inschrift besagt, daß sie 1446 von Hieronymus Justiniani erbaut wurde. Die Burg war länglich, ausgestattet mit Wasserzisternen und holzüberdachten Innenräumen, die als Unterkünfte für die Soldaten dienten. An einigen Stellen weist die Burg noch ihre Gesamthöhe und die Schießscharten auf. Historischen Erkenntnissen zufolge war sie eine der genuesischen Befestigungen zum Schutz des gesamten Gebietes. Hinter Armolia führt die Straße bergauf, bergab auf den flachen Hügeln mit den Mastixbäumen nach Südwesten, Richtung Pyrgi, weiter. Dort in der Nähe befindet sich das Kloster Soodochos Pighi im Gebiet von Vretos. Es entstand im 18. Jahrhundert auf den Trümmern einer alten Muttergotteskirche, diente als Zentrum geistiger Entwicklung und wurde 1822 zerstört.*

Oben: Panaghia Krina.
Unten: Der kleine Hafen von Emborio.

Emborio - Mavros Gialos

*Auf der Weiterfahrt nach Pyrgi, kurz vor dem Ortseingang und links vom Gesundheitsamt des Bezirks stoßen wir auf den Punkt, von dem die schlangenförmige Straße nach **Emborio** beginnt. Dieser malerische kleine Hafen blickt auf eine uralte Geschichte zurück. Bereits ab der ersten Kupferperiode fanden alle Schiffe, die den Kanal von Chios passierten, in der Bucht von Emborio einen sicheren Schutz vor dem Nordwind . Der Hügel Prophet Elias im Osten hielt den Wind ab. Auf diesem Hügel entdeckten britische Archäologen Teile einer Siedlung aus dem 7. oder 8. Jahrhundert v.Chr. In südlicher Richtung vom Hügel sind Teile der Mauer der antiken Akropolis vorhanden. Zusammen mit ihnen wurde auch ein Tempel des 6. Jahrhunderts v.Chr., mit einfacher, rechteckiger Form und Flachdach , vermutlich der Göttin Athena geweiht, gefunden. Unterhalb der Akropolis war das Gebiet dicht besiedelt. Die Häuser waren einfach, aus einem einzigen Raum bestehend. Vermutlich handelt es sich hierbei um Lefkonio, von dem Thukidides in seinen Werken berichtet.*

Am Heiligtum, in der Nähe das Hafens, sind verschiedene historische Phasen ab 690 v.Chr. bis zur altchristlichen Periode erkennbar. Hier wurden Überreste eines Tempels Ionischen Stils von besonderer Technik entdeckt. Links vom Hafen erhebt sich Psaronas, der nunmehr stille Vulkan, der früher alles um sich mit Lava überschüttet hatte. So wird das Vorhandensein von einzigartigen, pechschwarzen Kieselsteinen an den beiden Stränden neben dem heutigen Emborio, **Mavros Gialos** und **Foki**, erklärt.

Ansichten von Emborio, einem der malerischen kleinen Häfen in Süd-Chios.

Diese Steine wurden auch in den mit Kieseln bepflasterten Höfen, die wir in den Residenzen von Kambos und an den Häusern von Chios antreffen, verwandt. Die Strände von Emborio sind von einzigartiger Schönheit. Das Meer, in dem sich die schwarzen Kieselsteine widerspiegeln, hat eine dunkle Färbung und bietet seine Frische allen an, die sie suchen. Ein schöner, mit Platten ausgelegter Pfad und Stufen verbinden die beiden Strände miteinander und zeigen das Interesse der Menschen der Umgebung für die Umwelt. Emborio besteht heute hauptsächlich aus Ferienhäusern. Es verfügt über Mietappartments, Pensionen und Restaurants, die während der gesamten Sommerperiode geöffnet sind. Trotz der äußeren Einwirkungen bleibt der kleine Hafen ein ruhiger und malerischer Ort.

Dotia - Wrulidia

Wenn wir auf der Hauptstraße, die nach Pyrgi führt, etwas zurückfahren, kommen wir auf die Kreuzung nach Dotia, ein Gebiet, das früher als Jagdgebiet bekannt war. Dotia ist die größte Mastixebene von Pyrgi. Hier sind eine weitere prähistorische Siedlung sowie in den Fels gehauene Gräber gefunden worden.
Die Gefässe aus diesen Gräbern werden im Archäologischen Museum von Chios aufbewahrt. Über Dotia dominiert ein noch gut erhaltener genuesicher Turm. Das Bauwerk ist dreistöckig, kuppelbedeckt, oben mit Schießscharten und großen Öffnungen ausgestattet.
Der Turm war umgeben von einer viereckigen Mauer mit kleinen runden Türmen an den Ecken. Einer davon ist heute noch zu sehen. Weiter südlich endet die Straße an einem Platz im Ort Wrulidia, der sich ca. 50 Meter über dem Meer befindet. Der Blick von dort auf den Horizont, dort wo sich das Blau des Himmels mit dem Blau des Meeres trifft, ist überwältigend.
Unzählige Stufen winden sich nach unten und enden in den kühlen Armen des Meeres.
Auf dem Rückweg erreichen wir die Straße nach Emborio und fahren links bergauf nach Pyrgi.

Die drei Strände mit den einzigartigen Vulkan-Kieseln (von links): Foki, Mavros Jalos, Emborio.

Pyrgi, "das Bilderbuchdorf"

Es ist das größte und für viele das wichtigste von den mittelalterlichen Dörfern.

Die Siedlung von Pyrgi ist von besonderem geschichtlichen Interesse dank ihrer städtebaulichen Gliederung und ihrer architektonishen Form. Trotz aller Veränderungen der Zeit und trotz der menschlichen Eingriffe bildet Pyrgi auch heute eine lebendige Sage mittelalterlichen Typs.

Seine Befestigungsordnung, die historisch auf die Genueser zurückzuführen ist, zeigt die Anwendung des griechischen städtebaulichen Systems, das sich in den Jahren des Mittelalters bei verschiedenen Klöstern (Berg Athos, Dafni, Osios Meletios) zum Schutz vor feindlichen Angriffen entwickelte.

Man kann heute noch Spuren der perimetrischen Steinmauer mit den vier Ecktürmen erkennen, die das Dorf zu frühen Zeiten befestigte.

Ursprünglich bildete die Häuser-Siedlung in Pyrgi ein geschlossenes Quadrangel mit dichtem Bebauungsnetz.

Die Randhäuser an der perimetrischen Zone der Siedlung standen in ständiger Berührung miteinander, hatten keine Türen oder Fenster zur Außenseite und bildeten auf diese Weise eine undurchbrechbare Mauer.

Der Eingang zum Dorf erfolgte durch zwei schwere Tore, das Untere Tor in der Mitte der Ostmauer und das Obere Tor an der Westseite der Häusersiedlung. Diese Tore wurden jeden Abend und jedesmal, wenn eine Verteidigung gegen Feinde notwendig wurde, geschlossen. An jeder Ecke der vierseitigen perimetrischen Mauer befand sich ein kleiner Turm, der als Beobachtungsturm diente.

Eine ähnliche Rolle für die Sicherheit der Siedlung spielten auch die Schildwachen, postiert an geeigneten Stellen vom Strand bis zum Dorf. Die Wächter hatten Sehkontakt untereinander und übermittelten bei Gefahr die Nachricht mit Hilfe von Feuerzeichen, die die Siedlung selbst, als auch die Bewohner auf ihren Feldern erreichten.

Pyrgi, das größte mittelalterliche Dorf der Insel.

Aghii Apostoli treten aus der Dunkelheit hervor.

In der Mitte des Dorfes erhöhte sich hochmütig anmaßend und selbstherrscherisch der Turm, das Bauwerk, das seinen Namen dem größten der Mastixdörfer gab. Es war ein Verteidigungs-, aber auch ein Verwaltungszentrum. Der Turm wurde während der Genueserzeit errichtet und bildete den Kern der Siedlung, ganz in der Nähe des Hauptplatzes. Dieser schwere rechteckige Steinbau stand im Zentrum einer dicken Ringmauer, versehen mit einem kleinen runden Turm, dem Türmchen, an jeder Ecke. Am Erdgeschoß des Turmes gab es keine Öffnungen. Der Zutritt in den Turm erfolgte mit Hilfe beweglicher Elemente, untereinander und mit der Ringmauer verbunden sowie mit beweglichen Leitern, die man auf dem Boden zog. Auf diese Weise wurde der Turm im Falle eines feindlichen Angriffs rechtzeitig und ohne Schwierigkeiten isoliert und schützte das Leben seiner Bewohner. In architektonischer Hinsicht war der Turm ein dreistöckiges Gebäude, mit Erdgeschoß und zwei Stockwerken, sechs Bogenfenstern an jeder Seite und sechs ausgezackten Schießscharten an jeder Seite der Terrassenbrüstung in einer Gesamtlänge von achtzehn Meter. Leider sind heute nur sehr wenige Teile des Turmes erhalten.

In den Jahren der Türkenherrschaft war der Turm total verwahrlost und das Erdbeben von 1881 verursachte unreparierbare Schäden an seiner Ost- und seiner Westseite. 1937 wurden die Gemeindebehörden des Dorfes gezwungen, drei Meter von seinem höchsten Teil, das einzustürzen drohte, abzureissen.
Auf dem Innenhof des Turmes befinden sich noch einige Häuser, mit deren Bau man 1892 begonnen hatte. Diese haben zur teilweisen Erhaltung des Turmes beigetragen. Die Zeit zeigte sich aber großzügig gegenüber den restlichen historischen Baudenkmälern von Pyrgi.
Die Kirche der **Heiligen Apostel** *am Ende der bogenförmig überdachten Stoa, die vom Hauptplatz ausgeht, ist ein hervorrangend erhaltenes byzantinisches Denkmal.*
Ihr Bau geht auf das 13. und 14. Jahrhundert zurück, indessen sind sowohl seine äußeren architektonischen Elemente, als auch die Fresken, die die inneren Wandflächen schmüken, in sehr gutem Zustand erhalten.
Nur wenige Meter von dieser architektonischen Kostbarkeit Pyrgis entfernt dominiert auf dem Hauptplatz die Kirche Mariä Himmelfahrt. 1694 erbaut ist diese dreischiffige Basilika, die im Erdgeschoß ihres Glockenturms die Sankt-Anton-Kapelle beherbergt, auch heute die Kathedrale des Dorfes. Es lohnt sich, auch die anderen beiden religiösen Denkmäler von Pyrgi zu besichtigen, die Taxiarchis-Kapelle im südlichen Teil, datiert aus dem Jahr 1680 und die noch ältere Muttergottes- Kirche am nordwestlichen Dorfende. In der Gegend von Pyrgi existiert noch das Kloster des **Heiligen Georg** *aus dem 19. Jahrhundert. Der Gästetrakt des Klosters ist mit dem berühmten Wandschmuck "Xysta" dekoriert. Das Raumsparen ist der allgemeine Grundsatz, der in den Häusern der Bewohner von Pyrgi vorherrschend ist. Es handelt sich um engräumige, in die Höhe gehende Reihenhäuser, die sich in Gruppen gegenüberstehen und von sehr engen Gassen getrennt werden. Oft sind diese Häuser-Gruppen über den Gassen mit gewölbförmigen Kuppeln verbunden, in denen zusätzliche Zimmer, die sogenannten "skepasta", oder auch "kamares" oder "doxaria", untergebracht sind.*

86

An anderer Stelle gibt es über den Straßen Bögen, die rechts und links die Tonnengewölbe an den Zimmerdecken wie Brücken stützen.

Alle alten Häuser, in der Regel zweistöckig und zum Schutz vor dem Feuer und den Brandstiftungen aus Stein gebaut, haben im Inneren eine ähnliche Einteilung. Im Erdgeschoß, waren in einem engen und dunklen Raum Lagerräume und Ställe untergebracht. Über die Innentreppe erreichte man die Zimmer, aber auch das Atrium in der Mitte des Stockswerks, das der Belüftung, der Beleuchtung, aber auch als Aufgang über eine Treppe zum Dachgeschoß diente. Alle Häuserzimmer befanden sich etwa auf der gleichen Höhe und waren untereinander mit Korridoren und Bögen verbunden, die den ungehinderten Zugang der Bewohner zu allen Punkten des Dorfes erlaubten.

Wichtigstes Merkmal der Häuser in Pyrgi, das bei jedem Besucher Bewunderung auslöst, sind zweifellos die sogenannten "Xysta", diese charakteristischen Dekorationsfiguren, die die Fassaden der meisten Wohnhäuser von Pyrgi schmücken. Über die Herkunft dieser eindrucksvollen Technik gehen die Meinungen auseinander.

Einige behaupten, daß die "Xysta" Nachkommen der entsprechenden genuesischen "grafities" aus der Zeit der Genueserherrschaft, sind, andere meinen, daß sie aus dem Byzanz, namentlich aus Konstantinopel, stammen. Unabhängig von ihrer Herkunft haben die Bewohner Pyrgis diese Technik der Außendekoration ihrer Häuser lieben und ausbauen gelernt und bewahren sie lebendig bis in die Gegenwart.

Einmalige, unvergeßliche Bilder von Pyrgi, voller Farbe und Tradition.

In die Zeit zurückblickend entdeckt man drei verschiedene Phasen in der Anwendung der Xysta. Die erste Frühperiode, die bis zur zweiten Hälfte des vergangenen Jahrhunderts reicht, umfasst eine begrenzte Anzahl von Motiven, meist Vierecke und verschobene Rhomben, die sich auf der ganzen Fläche der Außenwand wiederholen. Xysta dieser Periode trifft man in fast ganz Chios. Die zweite Periode, ab Beginn dieses Jahrhunderts bis zur ersten Nachkriegsdekade (1949 - 1950), ist geprägt von der Kunst des Meisters Georgios Kountouris oder Wattes, der sich in Konstantinopel in der Xysta-Technik spezialisiert hatte.

Die Themen dieser Periode sind durch neue geometrische Figuren sowie durch freie Abbildungen von Pflanzen und Tieren ergänzt worden. Gleichzeitig wird weitgehendst Gebrauch gemacht von dem Kreis mit den "Mondbildern". Die Darstellungen werden durch eine Vielfalt an Farben ergänzt.

Die dritte Periode, in der wir uns jetzt befinden, ist gekennzeichnet durch Wechsel in der Verwendung von Materialien, Verzicht auf Farben sowie durch begrenzte Kompositionstätigkeit. Heute gibt es in Pyrgi Gruppen von Technikern, Gehilfen und Arbeitern, die sich in der Anfertigung dieser Wanddekoration spezialisieren.

Das Vefahren ist relativ einfach, erfordert aber Wissen und Erfahrung. Die Techniker breiten auf die zu schmückende Fläche ein Gemisch von Meeressand, Kalk und Zement aus und bedecken dann die gesamte Fläche mit weißer Kalkmasse.

Anschließend gravieren sie die verschiedenen Zeichen mit Genauigkeit ein, so daß die waagrechte Ordnung der Zonen und die Details der Figuren beibehalten werden.

Schließlich reiben sie an den geeigneten Stellen die Oberfläche der Kalkschicht mit einer Essgabel so ab, daß die ursprüngliche dunkle Unterschicht zum Vorschein kommt. Die Xysta, die ihren Namen diesem letzten Stadium der Bearbeitung der Kalkschicht verdanken, haben besondere Nebenbezeichnungen, wie Mühlentuch, Fahne, Abendmahlskelch, Mond usw., je nachdem was jede Figur darstellt.

In Pyrgi kann man Kompositionen hoher Technik und Ästhetik, wie die Ausschmückung der Taxiarchis-Kirche und das Haus von Tsikis, Werke von einmaliger Perfektion, bewundern, die auf den großen Künstler G. Kountouris zurückzuführen sind. Seine beiden Söhne, Nikolaos und Konstantinos, die seine Kunst mit besonderem Talent fortgesetzt haben, wurden 1934 von Filippos Argentis dafür bezahlt,
einen großen Teil der Gebäude des Hauptplatzes auszuschmücken und gaben somit dem Platz ein einheitliches Erscheinungsbild. Durch die engen Gassen von Pyrgi schreitend fühlt sich der Besucher um Jahrhunderte, in die Zeit des Mittelalters, zurückversetzt. Der Duft des Mastix ist im Sommer überall verbreitet. An den kleinen Häuserbalkons, die später angebaut wurden, hängen die kleinen Tomaten von Pyrgi und schmücken mit ihrer knallroten Farbe die grauen Steine mit den charakteristischen Xysta-Figuren. Diese seltenen Bilder nimmt jeder Reisende für immer mit, wenn er das Dorf verlässt. Etwa anderthalb Kilometer hinter Pyrgi, südlich der Straße, die nach Olympi und Mesta weiterführt, deuten Haufen von Steinen in einem Oliverhain auf das Vorhandensein einer kleinen Siedlung hin. Es handelt sich um Managros, eine kleine Ortschaft, deren Bewohner sie während der Genueserzeit verließen, um nach Pyrgi zu ziehen. Hier sind Ruinen von zwei christlichen Tempeln vorhanden. In dieser Gegend sind auch klassische architektonische Marmorteile von Säulen ionischen Stils,
von denen die meisten im Archäologischen Museum von Chios ausgestellt sind, gefunden worden. An der Nordseite der Straße,
an der historischen Stelle Keros, ist auch eine andere mittelalterliche Siedlung mit Ruinen von Kirchen gefunden worden, die aus archaischen Materialien errichtet worden waren.

Der Hauptplatz von Pyrgi, mit der Muttergotteskirche.

Fana - Olympi

Etwas außerhalb von Pyrgi, bei Olympi, führt eine Straße links in südlicher Richtung zur Bucht Fanon, die die Seeleute im Altertum als sicheren Ankerplatz benutzten. **Fana** *bewahrt seinen archaischen Namen von dem Tempel Faneos Apollon. Die Straße verläuft durch ein Tal voller Olivenhaine und endet am schönen, einsamen Sandstrand, der zum Schwimmen einlädt.*

Die Ruinen des antiken Tempels befinden sich auf einer Anhöhe, nahe der Küste und sind datiert vom 6. Jahrhundert v.Chr. Der Tempel war ionischen Stils, errichtet aus örtlichem Marmor und Kalkstein. Funde dieses Monuments werden im Archäologischen Museum von Chios aufbewahrt. Stravon berichtet, daß der Apollotempel von einem Palmenpark umgeben war. Aus diesem Gebiet stammt auch der berühmte "faneos"-Wein des Altertums.

Wir kehren zur Hauptstraße zurück und treffen etwas später auf **Olympi**, *ein weiteres bedeutsames mittelalterliches Dorf mit Festungscharakter. Deutlich erkennbar ist die Einheitlichkeit der Außenwände der Randhäuser, die, ohne Fensteröffnungen, als Schutzmauern dienten. Auch hier gibt es ein Haupttor, einen Verteidigungsturm in der Mitte des Dorfes und enge, labyrinthartige Straßen mit steinernen Gewölben über ihnen, die die Häuser miteinander verbanden. Die moderne Renovierung der Häuser hat den Dorfcharakter beeinträchtigt.*

Der Turm ist als Halbruine erhalten.
Auf dem Dorfplatz steht die kleine Kapelle **Aghia Paraskevi**. *Ihr holzgeschnitztes Altargeländer ist ein bedeutendes Beispiel der Kunst des 18. Jahrhunderts. Aus der alten mittelalterlichen Periode ist die "Trapesa" von Olympi in Vlichos noch in gutem Zustand erhalten. Es handelt sich um ein zweistöckiges Gebäude mit einer länglichen Halle in jedem Stockwerk. Die Hallen sind mit eingebauten Steinbanken und Tischen ausgestattet, die man seit Jahrhunderten für die traditionellen Festessen bei Hochzeiten benutzte.*

Eindrucksvolle Erinnerungen von Olympi.

Die Höhle von Olimpi

*Die Höhle liegt im Gebiet Sikia in Olimpi.
Es handelt sich um eine Tropfsteinhöhle mit einem ausserordentlich reichen Stalaktitenschmuck. Obwohl sie mit einem Durchmesser von 40 m und einer Höhe zwischen 2 m und 10 m verhältnismässig kleine Abmessungen hat, ist sie eine der sehenswertesten und schönsten Höhlen Griechenlands. Sie gilt als eine der reichsten Höhlen im Bereich des Balkan mit den meisten Stalagmiten / Stalaktiten pro Quadratmeter. Der künstliche Höhleneingang liegt 110 m über dem Meer. Die Höhle ist weiterhin aktiv, denn die Ausbildung des Tropfsteinschmuckes ist noch nicht abgeschlossen. Deshalb bedarf es auch besonderer Vorsicht, damit die Balance im Mikroklima des Inneren nicht gestört wird.
Die Höhle ist, wie festgestellt wurde, in zwei Phasen entstanden. Die erste Phase gehört in das Mesozoikum (vor etwa 150 Millionen Jahren) und die zweite in die Zeit des Känozoikum (vor etwa 65 Millionen Jahren).
Die Stalaktiten (die sich von oben nach unten bilden) und die Stalagmiten (die sich von unten nach oben bilden) sind Gesteinsbildungen, die durch die chemischen Bestandteile des Kalkspats entstehen. Sie werden durch das Sickerwasser abgelagert, das durch die Unregelmässigkeiten der Schichten des Kalksteins eindringt. An einigen Stellen der Höhle hat der Tropfsteinschmuck weisse Farbe. In der Regel besitzt er aber wegen der Beimischung von Spurenelementen eine gelblich-rötliche Färbung. Sehr eindrucksvoll und sehr selten ist die Herausbildung von eigentümlichen Stalaktitengruppen durch Stalagnate. Es handelt sich um Stalaktiten, die sich nicht in vertikaler Richtung entwickeln und dem Gesetz der Schwerkraft entgegenarbeiten.
Die Höhle war ursprünglich ein geschlossener Raum ohne irgendeine Öffnung. Es fand sich auch keine Spur irgendeiner menschlichen Präsenz.
Zu einem bestimmten Zeitpunkt stürzte ein grösserer Gesteinsblock von der Decke herab, wodurch eine natürliche Öffnung entstand. Das Sonnenlicht, das mehrere Stunden des Tages durch die Decke in die Höhle fällt, schafft ein einzigartiges ästhetisches Schauspiel, wenn es in der Höhle völlig dunkel ist.*

Mesta

*Nach Olympi setzen wir unsere Fahrt in westlicher Richtung nach **Mesta**, dem besterhaltenen Mastixdorf mit den meisten Sehenswürdigkeiten und dem größten touristischen Zustrom fort. Es handelt sich um eines der schönsten Burgdörfer von ganz Chios, das sich heute lebendig und stolz auf seine Geschichte darbietet.*

Mit Erreichen der perimetrischen Mauer der Burg mit den drei Wachtürmen an ihren Ecken beginnt der Besucher seine Wanderung durch das Mittelalter. Das Dorf wurde in den byzantinischen Jahren gebaut und seine Befestigung wurde von den Genuesern im 12. Jahrhundert verbessert. Hinter dem Haupttor, dem sogenannten "Kapitänstor" strahlen zwei Kirchen, die des Heiligen Georg und der Heiligen Paraskevi, durch ihre wunderschönen Fresken aus dem Jahr 1709, tiefste Religiosität aus.

Weitergehend auf unserem Weg sehen wir eine Menge von Kirchen, unter ihnen die älteste, Palios Taxiarchis, die seit 1412 über viele Jahre die Hauptkirche im Dorf war.

Heute hat diese Rolle die neue Kirche Taxiarchon, eine der größten Kirchen in ganz Chios, errichtet 1868 auf dem Platz des mittleren Rundturms der Burg, übernommen. Der Hauptplatz, von den Bewohnern von Mesta "livadi" genannt, ist der einzige offene Platz auf dem ganzen Burgdorf. Hier versammelten sich immer die Dorfbewohner zu allen ihren gesellschaftlichen Veranstaltungen, den Hochzeitsfeiern, den Volksfesten.

Der Platz bewahrt auch heute seine Couleur und sprotzt vor Leben, besonders im Sommer.
Er verfügt über Tavernen mit gutem Essen, Cafés und einer kleinen Bar. Der hier angebotene einheimische Wein ist einer der besten von ganz Chios. Hier wird auch "souma", eine Art Ouso, das durch das Destillieren von Feigen erzeugt wird, angeboten. Es ist ein Getränk für feste Trinker, aber pur und mit einem besonderen Geschmack, den man ihm nur in dieser Gegend zusetzt.

Mesta, die besterhaltene Dorfburg.

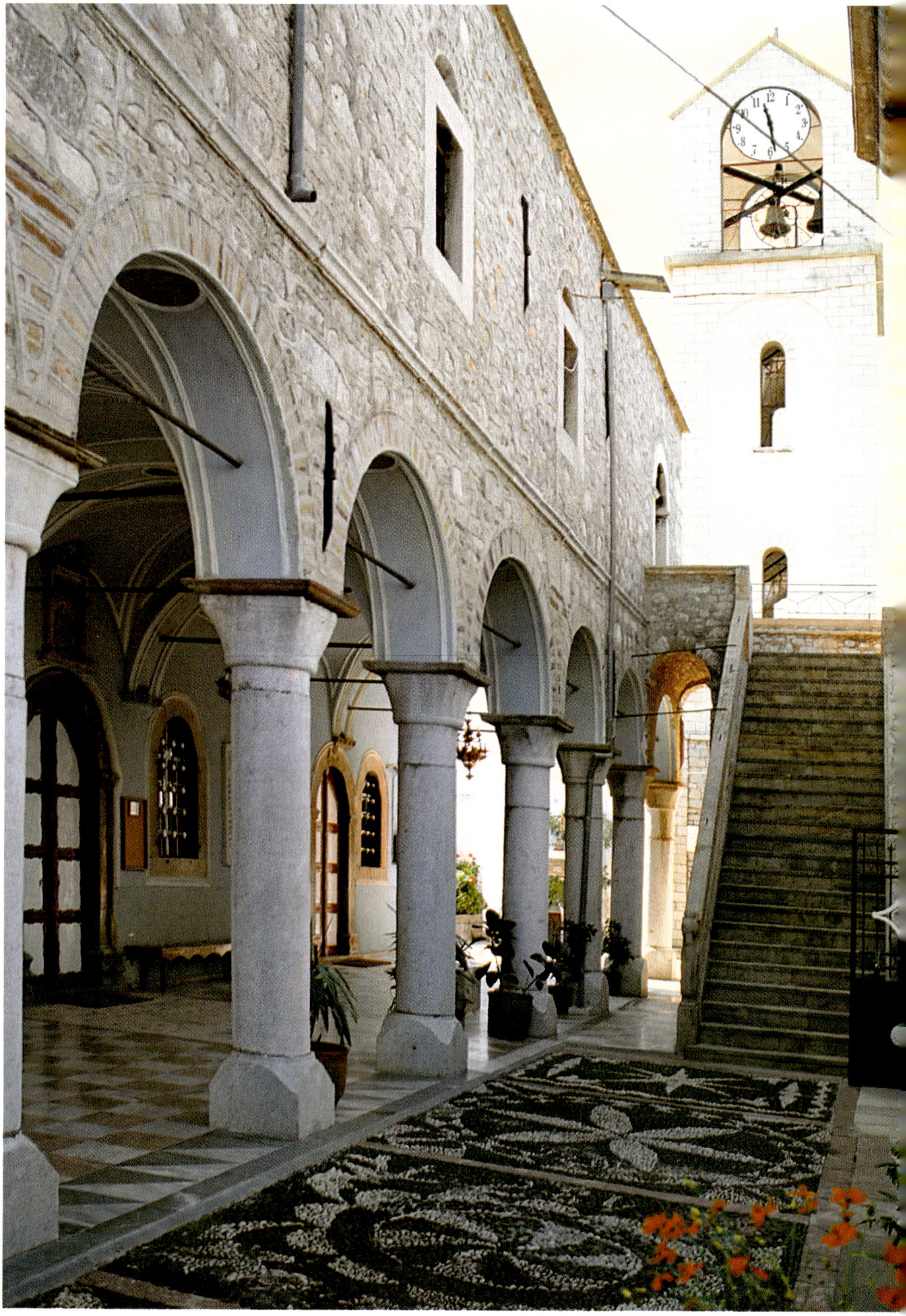

Wenn wir weiterbummeln durch die labyrinthartigen, überdachten Gassen von Mesta, entdecken wir eine Fülle von lebendigen kleinen und großen Sagen, die durch ihre Präsenz von der langen Geschichte des Dorfes erzählen. Eine davon ist auch der Milita-Turm an der Nordwestseite der Burg, der bei der Verteidigung von Mesta gegen die Angriffe aus See eine entscheidende Rolle spielte. Die Häuser, das eine am anderen festgebunden, klein und geordnet, wie kleine steinerne Festungen gebaut, sind von der gleichen Architektur, die wir in allen mittelalterlichen Dörfern antreffen.

Auch hier kommunizieren die sich gegenüberliegenden Häuser über die "Wotes" miteinander, diese überdachten Gänge über den engen Gassen, die den geheimen Bewegungen der Bewohner von einem Dorfende zum anderen dienten.

Das aber, was jeden Besucher besonders beeindruckt, ist, daß Mesta die meisten jener Charakteristika bewahrt, die auf eine andere, romantische Zeit aus der Tiefe der Jahrhunderte, vereint mit dem berauschenden Duft des Mastix, verweisen und dem Besucher ein seltenes Gefühl vermitteln. Es ist ein Gefühl, das unvergesslich bleibt. Indesssen liegt der Wert dieses wunderschönen Mastixdorfes nicht nur in seiner archäologischen Bedeutung. Mesta ist in erster Linie ein lebendiges, gastfreundliches Dorf mit starken Traditionselementen, die bei seinen verschiedenen kulturellen Veranstaltungen verkörpert werden. Gleichzeitig bildet es aber einen bedeutenden Ausgangspunkt für die Verehrer der Naturschönheit, nachdem sich rings um das Dorf Trachilia, Avlonia, Merkunda, Limenas und Didyma, einige der schönsten Strände Chios versammeln.

Die Taxiarchis-Kirche mit ihren kunstvollen Ikonostase ist von überdachten Gassen von einzigartiger Schönheit umgeben.

Wessa, noch ein schönes Mastizdorf.

Mesta Limenas

Wir verlassen Mesta und folgen der Straße, die jetzt über mit Büschen bedeckten Hügeln nach Norden führt. Hinter einer Kurve erscheint plötzlich vor uns der Hafen von **Mesta Limenas**, der 40 km von Chora entfernt ist.

Diese tiefe und geschlossene Bucht bildet einen natürlichen, windgeschützten und selbst für größere Schiffe geeigneten Hafen.

Stravon nannte ihn den Südhafen. Die Besiedelung Limenas' entwickelt sich in den letzten Jahren ständig. Der Ort verfügt bereits über ein Hotel, Restaurants und Fischtavernen mit frischem Fisch und anderen Meereskostbarkeiten.

Hinter Limenas führt die Straße am Meer entlang weiter nach Norden. Die Landschaft wird wilder, aber die Vegetation wird üppiger und das Meer bildet schöne, kleine und abgelegene Buchten, geeignet zum Schwimmen und Fischfang. Es sind dies Didyma, Kato Elata und Aghia Irini mit seiner kleinen Kapelle und einer einsamen Fischtaverne an der Küste.

Auf der Rückfahrt kommen wir durch die mittelalterlichen Siedlungen von Elata und Wessa.

Wessa - Aghios Georgios Sykussis

Wessa war eines der befestigten Dörfer. Heute ist es immernoch malerisch, obwohl es nur ganz wenige von seinen alten Merkmalen bewahrt. 8 Kilometer weiter erscheint **Aghios Georgios Sykussis**. Das Dorf liegt auf dem Gipfel eines grünübersäten Hügels auf einer Höhe von 400 Meter. Der Blick von dort auf Kambos, die Aegäis und die gegenüberliegenden Kleinasiatischen Küsten ist bezaubernd. Das Dorf wurde 1518 von dem Mönch Sofronios Sepsis gegründet, der die ersten Bauern rund um die Ruinen des Klosters Aghios Georgios versammelte. Man vermutet, daß seine Kirche die getreulichste Wiedergabe des Klosters Nea Moni war. Sie hat viele Umbauten erlebt, bewahrt aber nach wie vor ihren Wert. Die Straße führt durch Sifias, das Heimatdorf des Professors für Byzantinische Geschichte und Mitglieds der Akademie, Amantos. Sie führt weiter nach Chalkio, von dem man sagt, daß es seinen Namen seiner kupferbarbenen Erde verdankt, und endet über Kambos im Zentrum von Chora.

Eine der wundeschönen Gassen von Wessa.

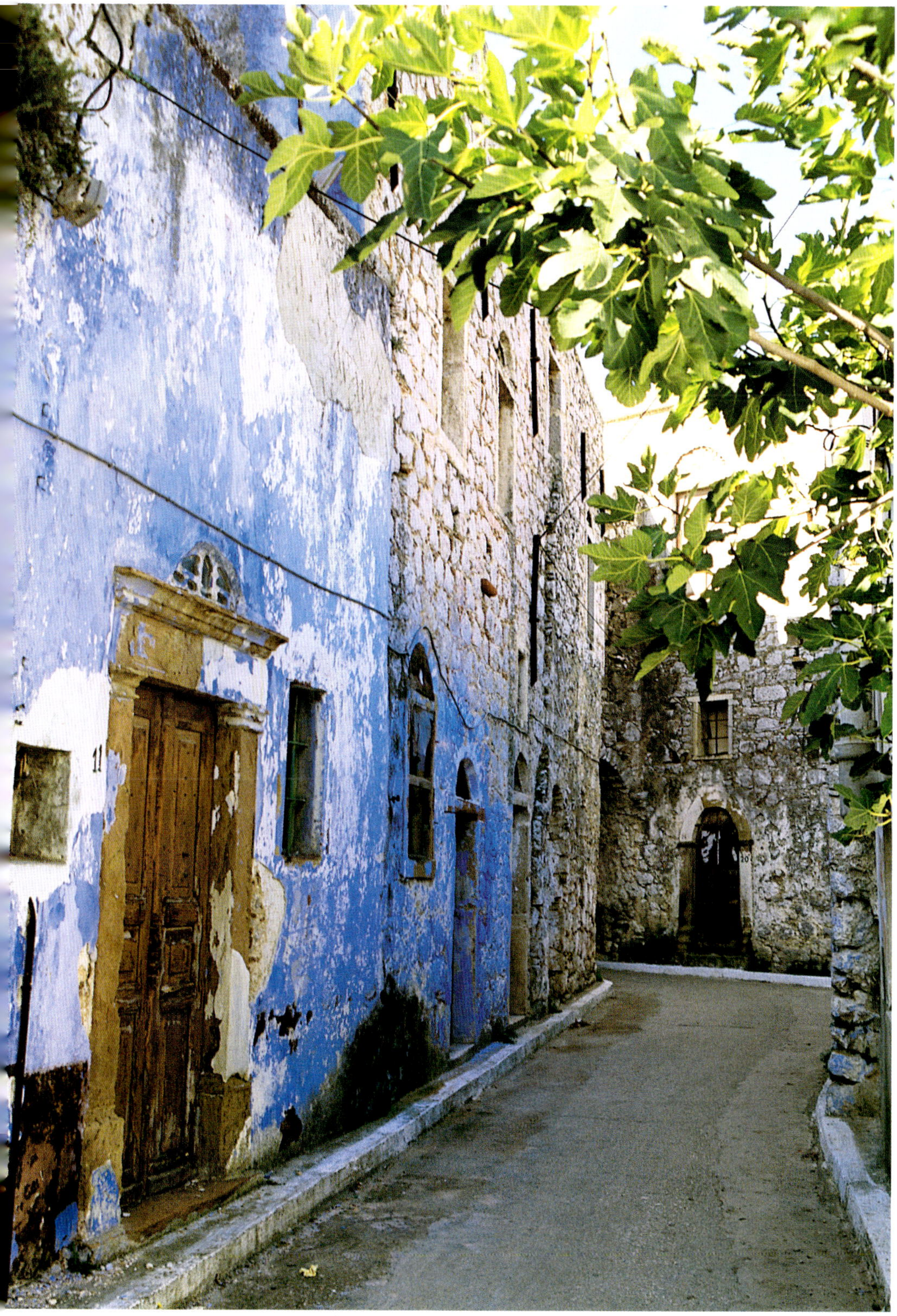
11
20

7

ZENTRAL CHIOS

Karyes - Aghios Markos - Nea Moni - Aghii Pateres
Avgonima - Anawatos - Lithi

Die Fahrt durch Zentralchios bildet eine der schönsten Strekken auf der Insel. Die Straße durchquert eine raue, gebirgige, einsame Landschaft mit üppiger Vegetation und nur vereinzelten Dörfern. Sie endet bergabwärts an den ruhigen und wunderschönen Westküsten der Insel mit den phantastischen Sonnenuntergängen. Das Besteigen der Hauptgebirgskette des Berges Provation Oros, der eine Höhe von 1000 Meter erreicht, bietet einen einmaligen Blick auf die Stadt Chios und die gegenüberliegende Küste Kleinasiens. Unterwegs erreichen wir Nea Moni, das imposante Kloster, das seit zehn Jahrhunderten Verwahrer der Orthodoxie und des Hellenismus ist und das Interesse jedes Besuchers anzieht. Selbst der unkundigste Betrachter wird begeistert von der Muttergotteskirche mit der himmelhohen Kuppel. Durch ihre hohen Fenster dringt Licht in das geheiligte Innere und löst Rührung und Ehrfurcht vor der göttlichen Herrlichkeit aus. Die Besichtigung führt auch durch andere bedeutungsvolle Klöster und Kirchen, wie Panaghia Kurna, die Skete des Heiligen Markus und das Kloster Aghii Pateres. Anschließend führt die Straße durch einen dichten Pinienwald nach Avgonima, ein kleines Dörflein des 11. Jahrhunderts, errichtet auf der Hochebene eines Hügels mit ausgezeichnetem Blick auf die Westküsten. Etwas weiter nördlich hängt an steil abfallenden Felsen und schwer zu erkennen Anawatos, eine Ortschaft, die als Mystras der Aegäis gilt. Wie diese Siedlung gibt es keine andere. Von überall unzugänglich bildet diese mittelalterliche Dorffestung mit ihren verlassenen steingebauten Häuschen eine halbausgestorbene Stadt. Ihre Akropolis am Rande des Abhanges verleiht der wilden Landschaft eine noch größere Erhabenheit. Es ist ein geschichtlich wichtiger Ort, der von rachesüchtigen Besetzern solange belagert wurde bis er heldenmütig fiel. Hinter Anawatos, bergabwärts nach Westen, wird die Landschaft ruhiger. Die Küstenstraße verläuft oberhalb der Elinta - Bucht, einem uralten Hafen in der Region. In südlicher Richtung führt die Küstenstraße nach Lithi, einem über dem Meer gelegenen Dorf mit wunderschönem Blick nach Westen. In der Bucht von Lithi finden wir einen ausgedehnten Sandstrand, einen der schönsten Chios´.

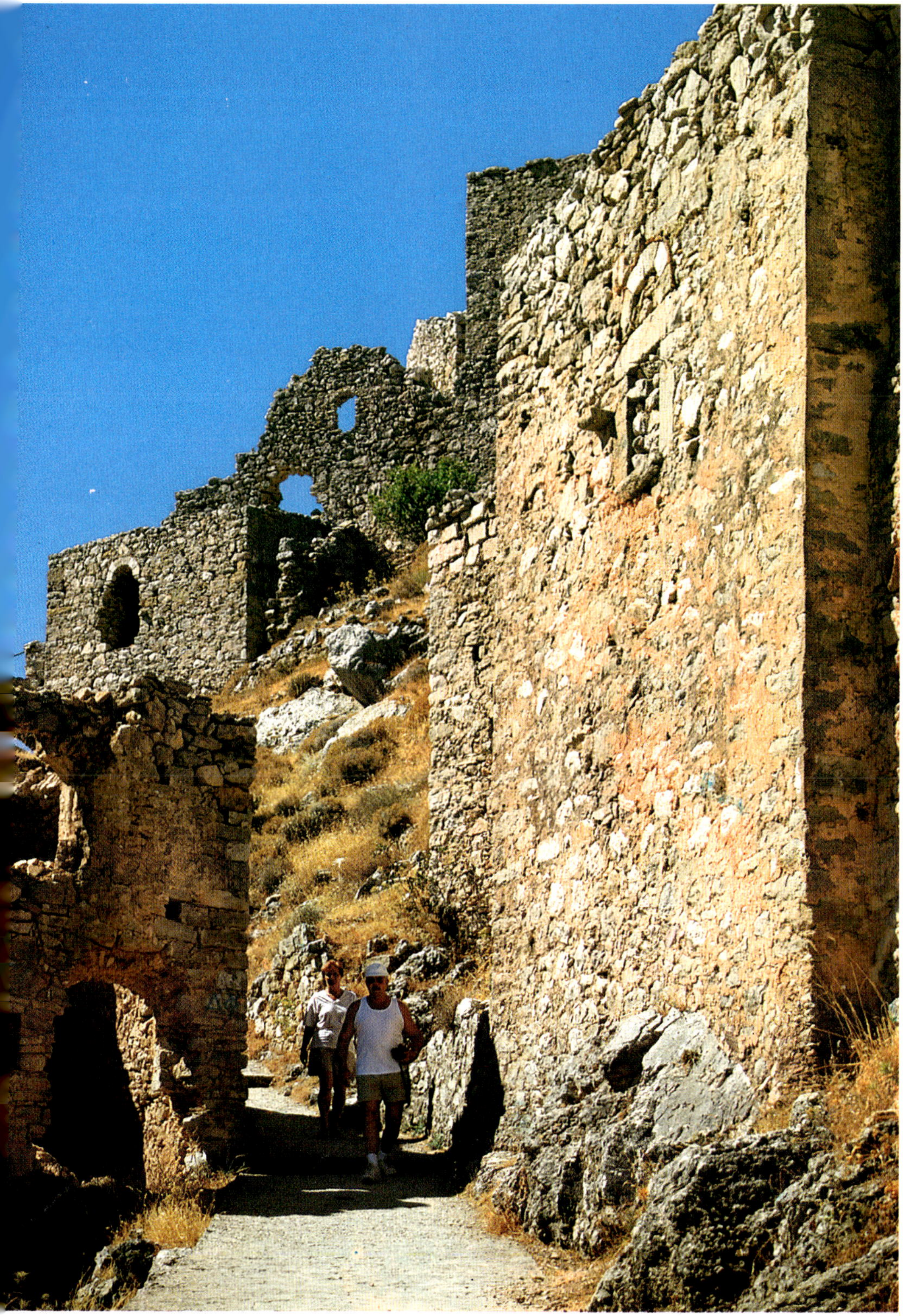

Karyes - Agios Markos

*Von Chora, der Hauptstadt Chios´ geht die Straße ab, die das gesamte Zentralchios durchquert und bergauf zum Kloster Nea Moni führt. Außerhalb der Stadt kommen wir an dem Muttergottes-Frauenkloster vorbei. Sechs Kilometer weiter erreichen wir das schöne Dorf **Karyes** mit seinen Quellen, seinem kühlen Klima und seiner zauberhaften panoramischen Sicht über die Stadt, den Kambos, das Meer und die Kleinasiatischen Küsten. Es folgt **Panaghia Kurna**, ein kleines Kloster, das vermutlich das Dominikanerkloster der Muttergottes Incoronata in den Jahren der Genueserherrschaft war. Die Straße klettert weiter nach oben zur Hauptgebirgskette des Provation-Gebirges, reich an üppiger Vegetation und Pinienwäldern. Dort in der Nähe, links der Straße, befindet sich die Skete des **Heiligen Markus**, relativ schwer zu erreichen. Sie datiert aus dem Jahr 1700, doch stammen ihre Bauten aus neuerer Zeit. Die Aussicht von dort oben ist traumhaft.*

Nea Moni

Irgendwo in der Mitte zwischen Ost und West, etwa 15 km von Chora entfernt, befindet sich Nea Moni. Das Kloster mit seiner Ringmauer, der hohen Kirche, seinen Bauten und den hohen Zypressen, als einziges Bauwerk aus der Gebirgslandschaft herausragend, wirkt auf jeden Besucher ehrfurchterregend. Es handelt sich um das bedeutendste christliche und geschichtliche Baudenkmal von ganz Chios. Wie die Überlieferung besagt, haben drei chiotische Asketen, Nikitas, Ioannis und Iossif eine wundertätige Muttergottesikone an den Zweigen eines Myrtenbaumes an der Stelle des heutigen Altars entdeckt. Diese Ikone ist bis heute mehrfach auf unerklärliche Art gerettet worden. Die drei Asketen befreundeten sich mit dem damals auf die Nachbarinsel Lesbos verbannten Konstantinos Monomachos, der ihnen versprach, eine große Kirche auf dieser Stelle Chios´ zu errichten, wenn er bald Kaiser würde.

Ansicht des Klosters Nea Moni.

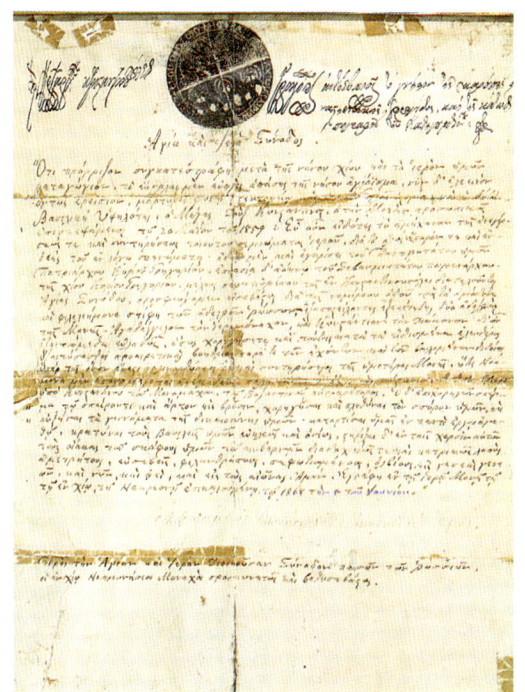

Goldene Bulle für das Kloster Nea Moni.

Teilansicht des Klosters Nea Moni.

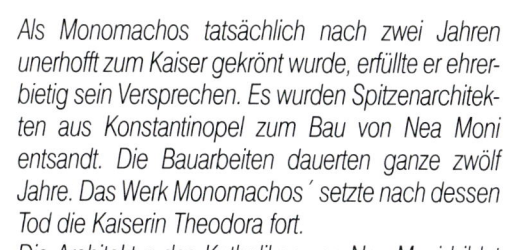

Als Monomachos tatsächlich nach zwei Jahren unerhofft zum Kaiser gekrönt wurde, erfüllte er ehrerbietig sein Versprechen. Es wurden Spitzenarchitekten aus Konstantinopel zum Bau von Nea Moni entsandt. Die Bauarbeiten dauerten ganze zwölf Jahre. Das Werk Monomachos´ setzte nach dessen Tod die Kaiserin Theodora fort.

Die Architektur des Katholikon von Nea Moni bildet ein Musterbeispiel des eleganten achteckigen Insel-Baustils, dem man nur in Chios und in Zypern begegnet. Der mittlere Raum der Kirche bleibt vieeckig, ohne Kuppelstützen. So bildet ihr gesamtes Inneres einen einheitlichen freien Raum, der jeden Gläubigen fasziniert. Die Kuppel ist riesig breit und besonders hoch (15,5 Meter), das gleiche gilt für ihre Fenster, die das Eindringen breiter Lichtstrahlen in das Kircheninnere ermöglichen. Das gesamte Stützsystem gilt als besonders gewagt und deshalb bildet es eine architektonische Errungenschaft und verbindet das Kloster mit den entsprechenden Baudenkmälern Konstantinopels. Alle Innenwände waren unterhalb des Streifens mit den Mosaiken mit wertvollen farbigen Marmorplatten bedeckt. Kleine Ziersäulen schmückten die Ecken und die acht Schenkel, die der Stützung der Bögen dienten.

An den Eingängen zur Kirche waren Türrahmen aus Marmor vorhanden. Der Fußboden des Hauptabteils der Kirche war mit farbigen Marmortafeln und runden Emblemen dekoriert. Das Altargeländer war, wie das heutige, aus weißem Marmor. Darin eingebaut ist die geschichtlich bedeutsame, wundertätige Muttergottesikone, die auf der Stelle gefunden wurde, wo man später die Kirche errichtete.

Die ursprüngliche Kuppel bildete an ihrer Innenseite Falten, die mit Blattblei ausgelegt waren. Der innere Narthex war im Gegensatz zum Mittelschiff der Kirche dunkel. Der äußere Narthex wurde späteren Korrekturen ausgesetzt, bewahrt aber seine Grandiosität durch die drei Kuppeln an der Decke und die Tonnengewölbe an den Seiten, die die Form eines Kreuzgratgewölbes annehmen. Der Glockenturm stammt aus neuerer Zeit.

Der ursprüngliche Bau ähnelte einem viereckigen Turm, wie Zeichnungen von Besuchern aus dem Jahr 1731 zu entnehmen ist. Die Außenflächen der Wände sind heute mit weißem Putz bedeckt. Trotz allem kann man die charakteristischen Elemente erkennen, die an die Architektur der großen Kirchen der Hauptstadt des Byzanz erinnern.

Aus den Mosaiken sind nur kleine Teile erhalten, aber auch das, was übriggeblieben ist, genügt, damit jeder Besucher ihre ausgezeichnete Kunstart schätzen lernt.
Kaiser Konstantin Monomachos hatte dafür gesorgt, daß die größten Techniker jener Zeit aus Konstantinopel auf die Insel gebracht wurden. Diese Werke stammen aus dem 11. Jahrhundert. Sie sind gekennzeichnet durch die große Vitalität und Originalität ihres Ausdrucks. Die Mosaiken bedeckten alle Oberflächen im Mittelschiff und im Außennarthex oberhalb der Bögen.
Ihre wunderschöne Technik zeigt sich in der Einigkeit der Zusammensetzung des Dekors, selbst an den schwierigen Rundungen der Innenflächen. Die Thematik der Mosaiken ist an dem dogmatischen Charakter des damaligen byzantinischen Dekors orientiert. Das Pantokrator-Bild am ursprünglichen Kuppelgewölbe war umringt von Engelsfiguren auf goldenem Grund, die sämtliche Falten ausfüllten. An den Dreieckgewölben befanden sich die vier Evangelisten und die vier Cherubine.
Von dieser Darstellung ist nur ein einziger Teil vorhanden. Auf den tiefergelegenen acht Kanten war der Lebenskreis Christi abgebildet. Das Mittelschiff umfaßte an den drei Altarkanten die Darstellungen von der betenden Muttergottes ohne Kind und der Erzengel Michael und Gabriel. Am inneren Narthex gab es außer den Bildern der Muttergottes und der Heiligen Anna eine Reihe von männlichen Gestalten. An der mittleren kleinen Kuppel hatten sich rings um die Muttergottes acht Schutzengel in voller Körpergröße aufgereiht.
Trotz der Schlichtheit der Kompositionen zeigen die Details und die besonderen Merkmale der Heiligenbilder den Reichtum der Darstellungen, etwas Einmaliges in der byzantinischen Kunst. Die leuchtenden Farben Blau, Grün und Dunkelrot stehen in völliger Harmonie zum Gold und spielen mit der Widerspiegelung der Lichtstrahlen. Auf diese Weise betonen sie noch stärker den Gesichtsausdruck der Gestalten. Hier wird das Gefühl des Plastischen durch die Farben aufgehoben und der tiefe, strenge Blick der Gestalten wird noch intensiver durch die Schattierungen an den Augen, was den ausgeprägt religiösen Charakter des Klosters demonstriert.

Nur wenige Exponate sind in dem Kloster erhalten, darunter auch das berühmte "pefki", ein goldbesticktes Tuch als Abdeckung für den Altar, das einzige vorhandene Beispiel chiotischer Webkunst des 17. Jahrhunderts.
Von den übrigen Bauten des Klosters Nea Moni existiert noch unversehrt die Wasserzisterne aus dem 11. Jahrhundert, ganz aus weißem Marmor errichtet. Es handelt sich um einen großen einheitlichen Raum, bedeckt durch fünfzehn Rundkuppeln, die sich auf acht Marmosäulen stützten. An der Ostseite der Zisterne gibt es Bögen mit Keramikdekoration. Südwestlich des Katholikon befindet sich Trapesa, das Gebäudeteil, in dem die Mönche ihre Mahlzeiten einnahmen. Es verfügt über einen großen Tisch mit mehrfarbigen Intarsien aus Marmor.
Der Turm am Westende des Klosters, in den genuesischen Jahren errichtet, diente als Zufluchtsort für die Mönche.
In der Heiligen-Kreuz-Kapelle, einem später errichteten Bau, werden heute die Gebeine der Opfer des Massakers von 1822 aufbewahrt.
Die Zellen des linken Flügels sind in ein kleines Museum umgewandelt worden, in dem wichtige Exponate aus der Geschichte des Klosters ausgestellt sind.
Im Verlauf der Jahre erlitt das Kloster wiederholt großes Unheil, so z.B. von den Sarazenischen Angreifern im 13. Jahrhundert und von den Türken, 1822, als sie alles ausplünderten und alle Chioten massakrierten, die dort Zuflucht genommen hatten. Die Türken kamen 1828 zurück und verursachten neue Zerstörungen. Als Abschluß der Katastrophe kam das Erdbeben von 1881, das das Kloster fast ausrottete, hinzu. Heute wird es nach und nach wiederaufgebaut und findet seine alte byzantinische Pracht wieder.
Das Kloster unterstand in administrativer Hinsicht dem Patriarchen von Konstantinopel. Selbst in der Zeit der Türkenbesetzung bewahrte es seine Autonomie für längere Zeit. Am 23. August, dem Feiertag des Klosters, wird es von einer großen Pilgerschar besucht.

Der eindrucksvolle Schmuck der Kirche des Klosters Nea Moni zeigt in der Kuppel eine grossartige Darstellung des Pantokrator und kunstvolle Mosaiken.

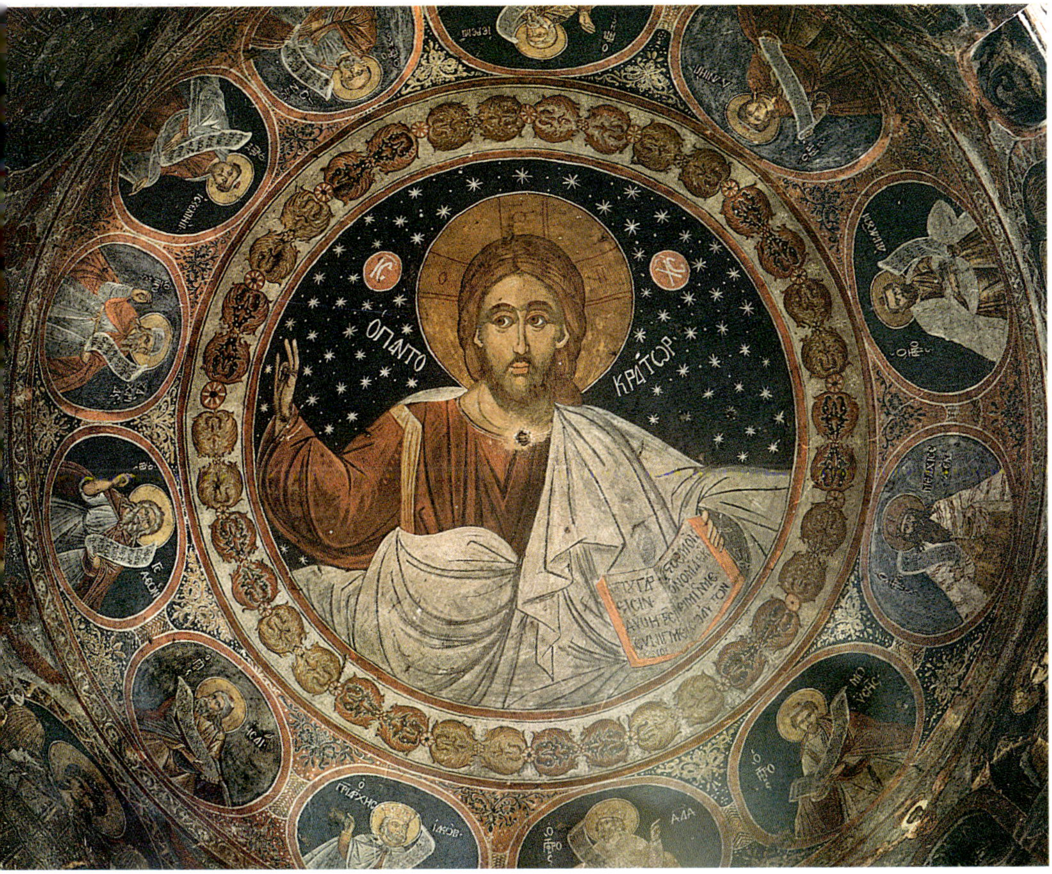
ΟΠΑΝΤΟ
ΚΡΑΤΩΡ

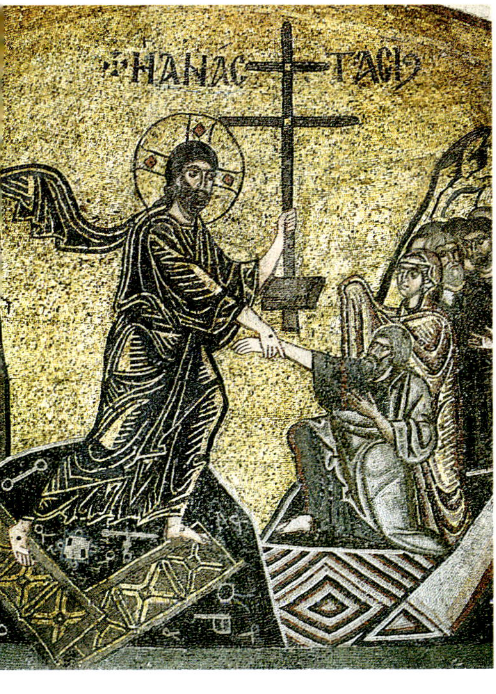
Η ΑΝΑC ΤΑCΙC

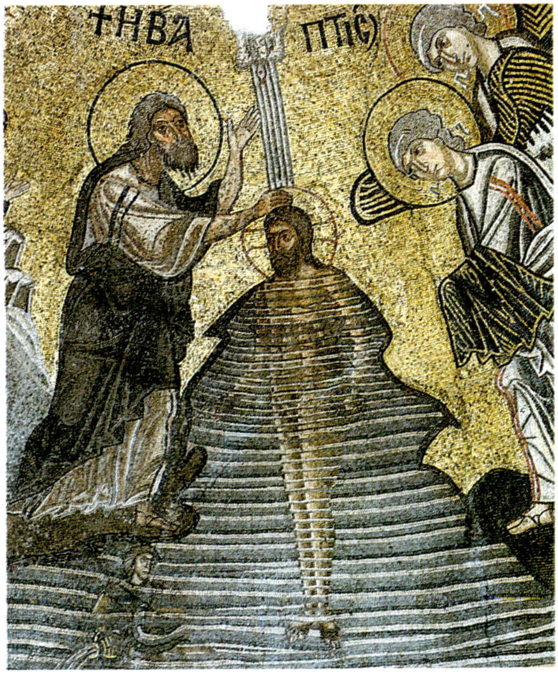
Η ΒΑ ΠΤΙC

Aghii Pateres-Kloster - Avgonima

Wir haben nun Nea Moni verlassen und bewegen uns nach Westen. Ganz in der Nähe befindet sich das Kloster **Aghii Pateres**, das von dem Mönch Pachomios gegründet wurde und dem Gedenken der drei Asketen gewidmet ist, die die wundertätige Ikone der Muttergottes gefunden und das Kloster Nea Moni gegründet haben.

Die Strecke nach Westen zur Hauptstraße ist von einmaliger Schönheit. Der dichte Pinienwald setzt sich auf der Talfahrt nach **Avgonima** fort. Das Dorf ist sehr alt, stammt aus dem 11. Jahrhundert und befindet sich auf einer Ebene. Seine Architektur ist klassisch mittelalterlich mit hohen Steinbau-Häusern, kleinen Fenstern und engen Gassen. Eindrucksvoll ist die Aussicht zu den Westküsten und dem Sonnenuntergang bei Avgonima. Hier besteht die Möglichkeit einer Unterkunft in mittelalterlichen Häusern mit modernen Bequemlichkeiten. Anawatos ist 4 km von Avgonima in nördlicher Richtung entfernt. Der Besucher muß sehr nahe herangehen, um die Häuser auf den karstigen Felsen zu erkennen.

Anawatos

Der Blick auf **Anawatos** ist faszinierend und ehrfurchterregend. Es handelt sich um ein ganzes Dorf, das bis zum Gipfel eines Granitfelsens am Rande eines Abhanges hinaufgeklettert ist. Die Straße steigt über schlangenartige Kurven bis zum Fuße des Felsens hinauf und erreicht dann den Eingang zum Dorf. Ringsherum gibt es tiefe, unbetretene und schattige Schluchten, die die Landschaft vervollständigen. Auch der Name Anawatos (der Unbesteigbare) erklärt den Grund, warum dieses Dorf auf dieser Stelle gebaut wurde. Seine natürliche Lage und die Befestigung schützten offenbar das Dorf vor Piratenangriffen aus den Westküsten. Man sagt, daß die ursprüngliche Lage des Dorfes an einer anderen nahegelegenen Stelle war und daß seine ersten Bewohner Holzfäller aus dem Byzanz waren, die Kaiser Konstantin Monomachos dorthin verbracht hatte, damit sie das Kloster Nea Moni bauten. Seine Bewohner konnten aber dort wegen der häufigen Angriffe keine Wurzeln schlagen.

Avgonima, ein einsames mittelalterliches Dörflein.

So landete Anawatos an diesem unzugänglichen Ort, der ihm die bestmögliche Sicherheit bietet. Deshalb glauben viele, daß das heute vorhandene Dorf später als die mittelalterichen Dörfer Südchios´ gebaut wurde.

Die Bewohner von Anawatos befassten sich mit dem Oliven- , Pistazien- und Weinanbau in der fruchtbaren Ebene, die sich von dort bis Avgonima ausbreitet. Auch betrieben sie Bienen- und Schafs- und Ziegenzucht. Ende des 18. Jahrhunderts brachten Flüchtlinge aus Ionien, die das Dorf besiedelten, das Wissen über den Tabakanbau mit. Die längste Blütezeit von Anawatos war in den letzten Jahren der Türkenherrschaft. Das Dorf konnte aber 1822 dem Zorn der Türken nicht entkommen, später hinterließ das Erdbeben von 1881 auch hier seine unverwischbaren Spuren.

Die Siedlung erstreckt sich amfitheatralisch, von den niedrigsten Stellen bis zur Akropolis und dem Abhang. Die Häuser, etwa 400 an der Zahl, sind alle zweistöckig, schmal und lang, ohne Schrägdach, mit einer waagrechten Holzdecke, alle aus Tonerde gebaut.

Sie standen nebeneinander, hatten niedrige Türen und sehr kleine Bogenfester mit Luken, die als Beobachtungsposten fungierten. Man erkennt daraus, wie vorsichtig ihre Baupläne mit dem Ziel des größtmöglichen Schutzes ihrer Bewohner entworfen worden waren. An der Südseite, wo es den einzigen Zugang zum Dorf gab, erreichte die Mauer eine Höhe von zwei Metern.

Hier befand sich in frühen Jahren auch ein Burgtor. Nicht sehr weit vom Mauertor entfernt stand das sogenannte "triorofo", ein Bau, dessen höchste Seite fünfzehn Meter erreichte. Im Erdgeschoß war die Ölpresse untergebracht. Heute sind noch zwei riesige Steine vorhanden, die die Oliven pressten. Der zweite Stock beherbergte die Schule und darüber lag die Muttergotteskirche und die wertvolle Wasserzisterne.

Hoch oben auf der Akropolis befand sich die Taxiarchiskirche, zweischiffig mit zwei Dächern. Heute sind nur ihre Nordwände mit originellen Bogen- und Gewölbekombinationen erhalten. Das Bild des Erzengels hat man in den Haupteingang der neuen Taxiarchis-Kirche verlegt, in der die geretteten Altare der alten Dorfkirchen aufbewahrt werden.

Bilder von dem Dorf Anavatos und seinen Menschen.

Die meisten Gebäude des Dorfes sind in gutem Zustand erhalten. Sie vermitteln als Ganzes ein abgerundetes Bild einer halbausgestorbenen Ortschaft und lassen sie inmitten der wilden Landschaft noch imposanter wirken. Viele nennen Anawatos Mystras der Aegäis. Heute leben in dem Dorf nur sehr wenige Bewohner. Die Siedlung steht unter Denkmalschutz und man hat in der letzten Zeit mit dem Wiederaufbau einiger Häuser begonnen. Außerhalb Anawatos, an der ersten Kurve, befindet sich die kleine Kapelle von Aghios Georgios, die gut erhalten ist und einen Teil ihrer Wandmalerei aus dem 16. Jahrhundert bewahrt. Die Kapelle hat die Form einer einschiffigen Basilika und ihre Wände sind aus chiotischem Stein errichtet. Das Altargeländer stammt aus der jüngeren Zeit und ist nicht besonders wertvoll. An seiner Innenseite sind Inschriften aus 1688 vorhanden. Gegenüber der Kapelle hat man das Denkmal der im Jahr 1822 gegen die Türken Gefallenen errichtet.

Elinda - Lithi

Zurück in Richtung Avgonima führt eine Straße westlich zur Küstenstraße und von dort nach Elinda, einen Strand unterhalb Anawatos´.
Elinda *ist eine tiefe Bucht mit Kieselstrand, die bereits im Altertum als Hafen diente. Auf ihrem Meeresgrund ruht ein römisches Schiff als Überbleibsel eines Versuchs der Römer, Chios von seinen Westküsten her mit dem übrigen griechischen Festland zu verbinden. Weiter auf der Küstenstraße nach Südwesten kommen wir an* **Lithi** *vorbei, einem hoch über den Küsten gelegenen Dorf mit sehr viel Grün und herrlichem Blick zum Meer. Eine Straße nach rechts führt an die Küste von Lithi, einen langen Sandstrand vor der offenen gleichnamigen Bucht. Das blaue Meer mit seinem ruhigen Wasser lädt den Besucher ein, seine Frische und die vielen Tavernen mit ihrer großen Auswahl an seltenen frischen Fischen und Meeresfrüchten, reichhaltigen "mesedes" und vielen Gerichten der traditionellen griechischen Küche zu genießen. Hier, wie auch an den anderen Westküsten Chios´ lohnt es sich, anzuhalten und den zauberhaften Sonnenuntergang zu bewundern. Die Rückfahrt zur Stadt erfolgt in südlicher Richtung über Wessa und nach Osten über Aghios Georgios Sykussis.*

Gegenüberliegende Seite: Lithi, eine kleine Gasse mit Überdach aus Stein.
Unten: Die Bucht von Elinda.

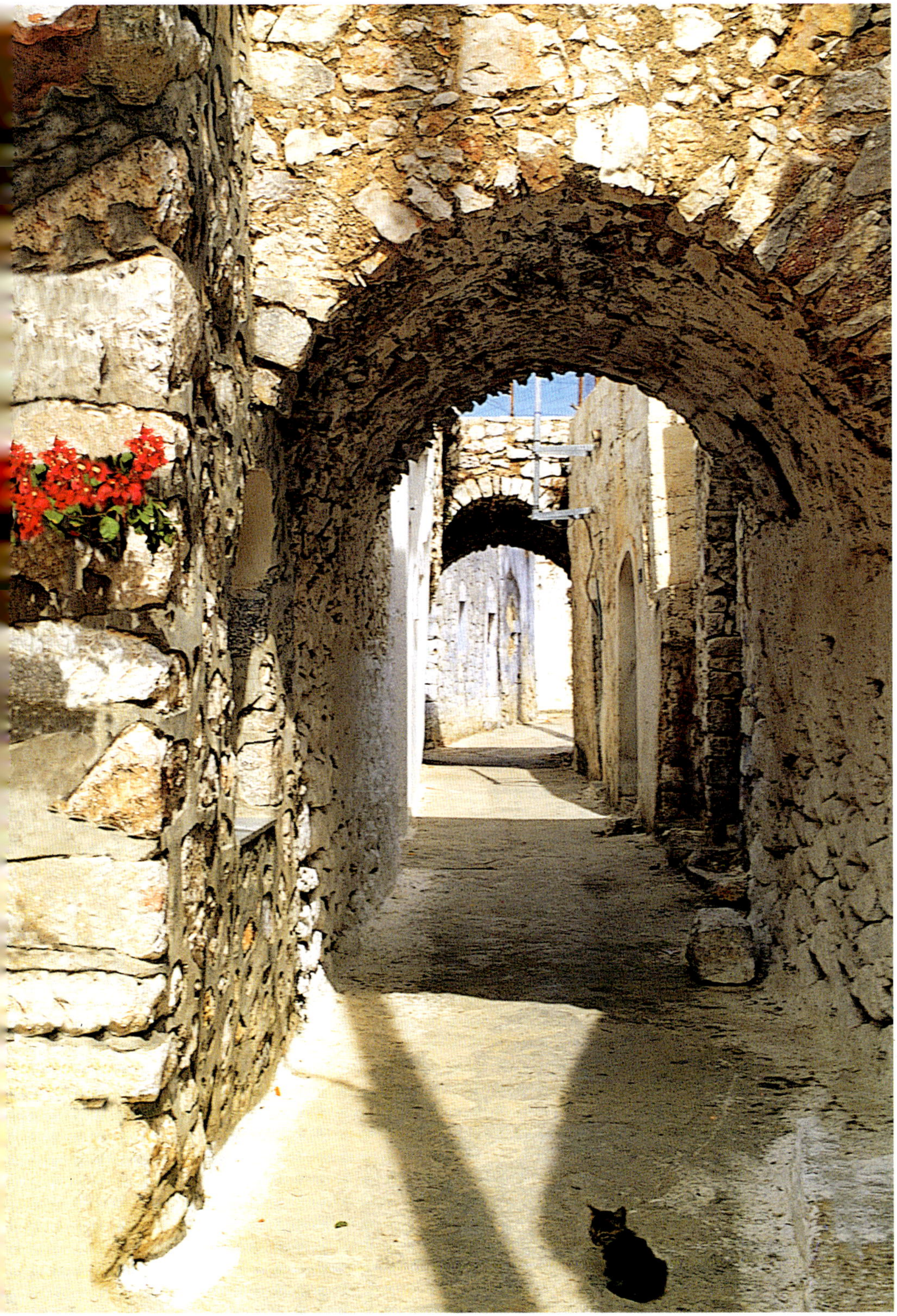

8

NORDÖSTLICHES CHIOS

Wrontados - Daskalopetra - Sykiada - Langada
Kardamyla - Nagos - Fita - Pityos

Die Ostküsten Chios´ sind stark zerklüftet und bilden unzählige Buchten. Anfangs fahren wir der Küste entlang über Wrontados, den schönen Vorort Chios´ mit den gepflegten Häusern und den schönen Gärten. Hier befinden sich auch die organisierten Badeanlagen Chios´ mit Möglichkeiten für Wassersport. Die Straße führt an dem geschichtlich wichtigen Gebiet von Daskalopetra vorbei, dort wo Homer lehrte, anschließend werden die Landschaft felsig und die Küsten steil abfallend. Das Kloster Myrsinidiu auf der rechten Seite beugt sich fast über den Wellen. In der Folge räumen die Felsen ihren Platz einer spärlichen Vegetation ein. In nördlicher Richtung begegnen wir malerischen Fischerdörfern mit schönen Stränden und kleinen gastfreundlichen Tavernen. Es sind dies Langada und das aus der Geschichte bekannte Kardamyla, ein altes, mittelalterliches Dorf mit vielen Sehenswürdigkeiten. In der Bucht von Kardamyla entwickelt sich das am Wasser gelegene Dörflein Marmaro zu einem Sommererholungsort unter Wahrung seiner Traditionselemente. Nördlich davon liegt Nagos, eine kleine Oase mit Wasserquellen und üppiger Vegetation, die bis zum Meer und dem kleinen Kieselstrand mit den Fischtavernen, direkt am Wasser, reicht. Die Straße geht weiter bergauf und die Landschaft wird wilder. Das Nordgebiet mit den wenigen armen Dörflein gibt dem sonst vielseitigen Chios ein unterschiedliches Gesicht. Die Straße klettert weiter und führt über die Dörfer Amades, Wiki und Kambia. In einer abgelegenen Gegend begegnen wir dem Kloster Munda, dem verlassenen Prodromos-Kloster aus der byzantinischen Zeit mit herrlichen Wandmalereien. Auf der Gegenstrecke zur Stadt Chios führt von der Hauptstraße Chora - Wolissos eine Abzweigung zum Dorf Pityos, dem einzigen Dorf Nordchios´ mit mittelalterlichem Charakter. Letzter Eindruck von der Fahrt bleibt der sich unseren erstaunten Augen bietende zauberhafte Blick auf die Ostküsten.

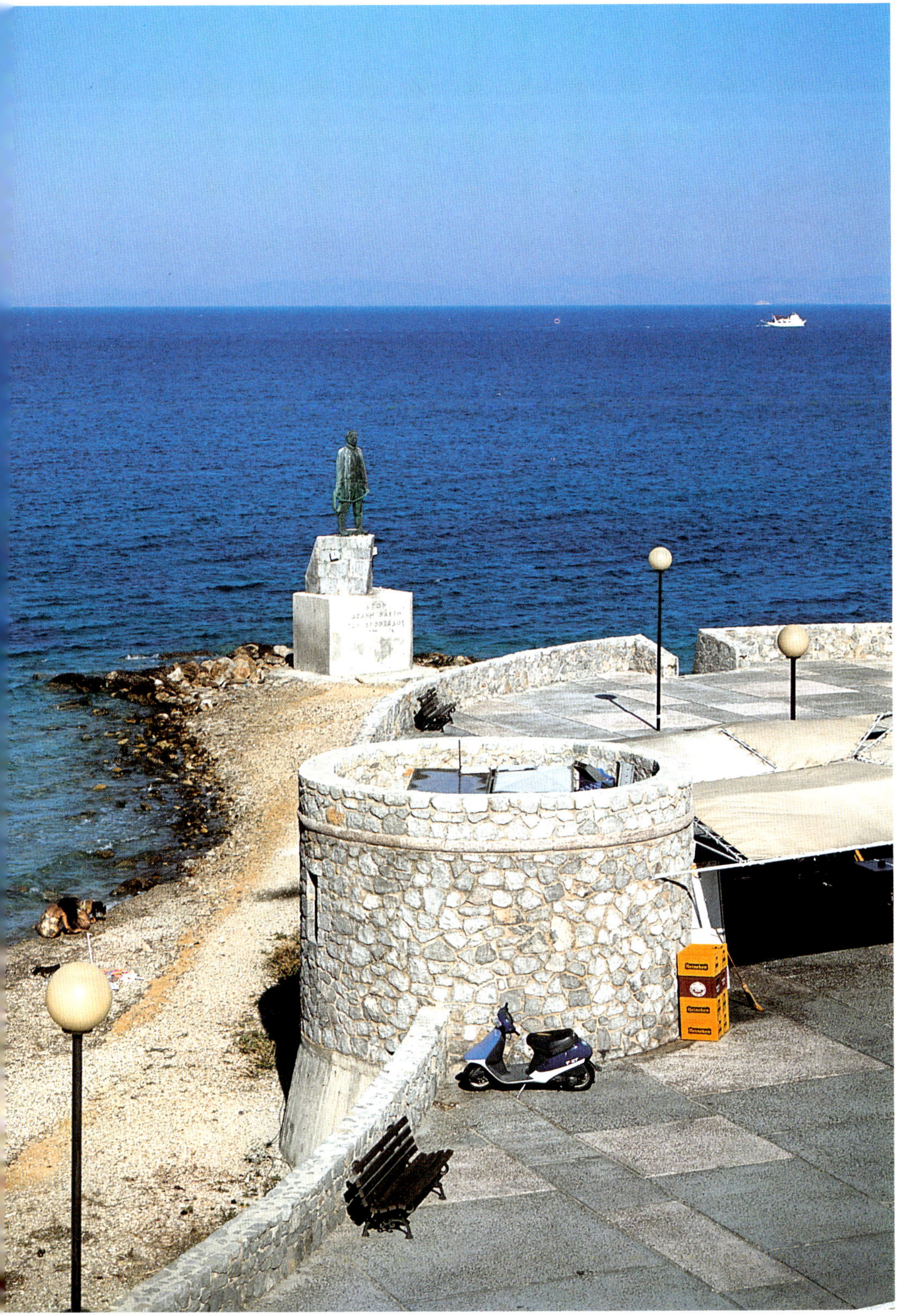

Wrontados

*Von Chora in nördlicher Richtung ausgehend verläuft die Straße fast parallel zur Küste. Kurz hinter dem Punkt Livadia sind die Ruinen der Basilika **Aghios Isidoros** vorhanden. Der Heilige stammte aus Alexandrien und wurde zum Märtyrer auf Chios in der Zeit Dekios (250 n.Chr.). Der Heilige Isidor gilt als der Schutzheilige der Insel und viele Kirchen der Insel sind seinem Gedenken geweiht. Die Kirche wurde im 5. Jahrhundert erbaut, seitdem ist sie aber mehreren Restaurierungen unterzogen worden. Dort wurden die Leichname des Heiligen Isidor und der Heiligen Merope verwahrt, die später von den Venezianern entwendet wurden.*
*Weiter nördlich, 5 km von der Stadt entfernt, treffen wir auf das Gebiet **Wrontados**, das heute durch die Ausdehnung der Hauptstadt Chora ihre Fortsetzung bildet. Die Siedlung stammt aus jüngeren Jahren und umfasst ein größeres Gebiet. Sie besteht vornehmlich aus Wohnungen von Seeleuten. Die meisten Häuser sind geschmackvoll gebaut, geräumig, umgeben von Blumen- und Obstgärten. Das Wahrzeichen von Wrontados ist der "Unbekannte Matrose", ein Werk des berühmten chiotischen Bildhauers Thanassis Apartis. Es befindet sich an der Uferstraße, gegenüber dem Rathaus.*
In Oberwrontados gibt es das Museum des Vereins der Freunde des Fortschritts, in dem Gegenstände aus der chiotischen Seetradition, wie Darstellungen von Schiffen, Holzschnitzereien, alte Wertgegenstände u.a.m. ausgestellt werden. In Wrontados, an einen der schönsten Strände Chios´, in der Bucht von Lo, ist ein organisiertes Strandbad mit allen modernen Anlagen für die Badegäste, mit Möglichkeiten für Wassersport und einem Luxusrestaurant vorhanden. Der Strand führt die blaue Flagge der Europäischen Union.
Hier befindet sich auch das Kloster Aghios Stefanos, 1880 gegründet. Der Heilige Parthenios nahm das Kloster unter seinen Schutz und baute seine Kirche wieder auf. Sein Namenstag ist der 27. Dezember.

Wrontados, der schöne, am Wasser gelegene Vorort von Chios.

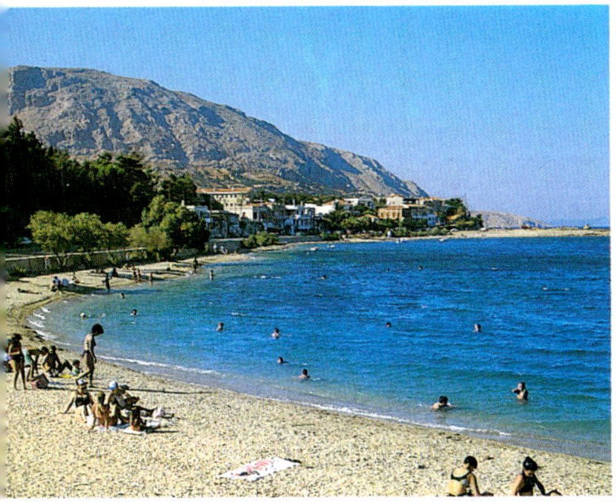

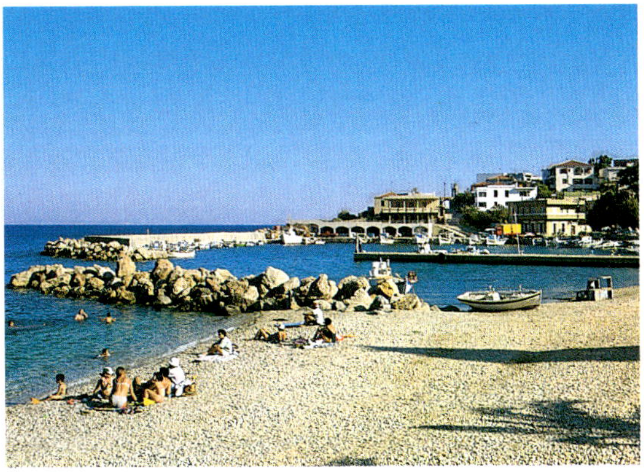

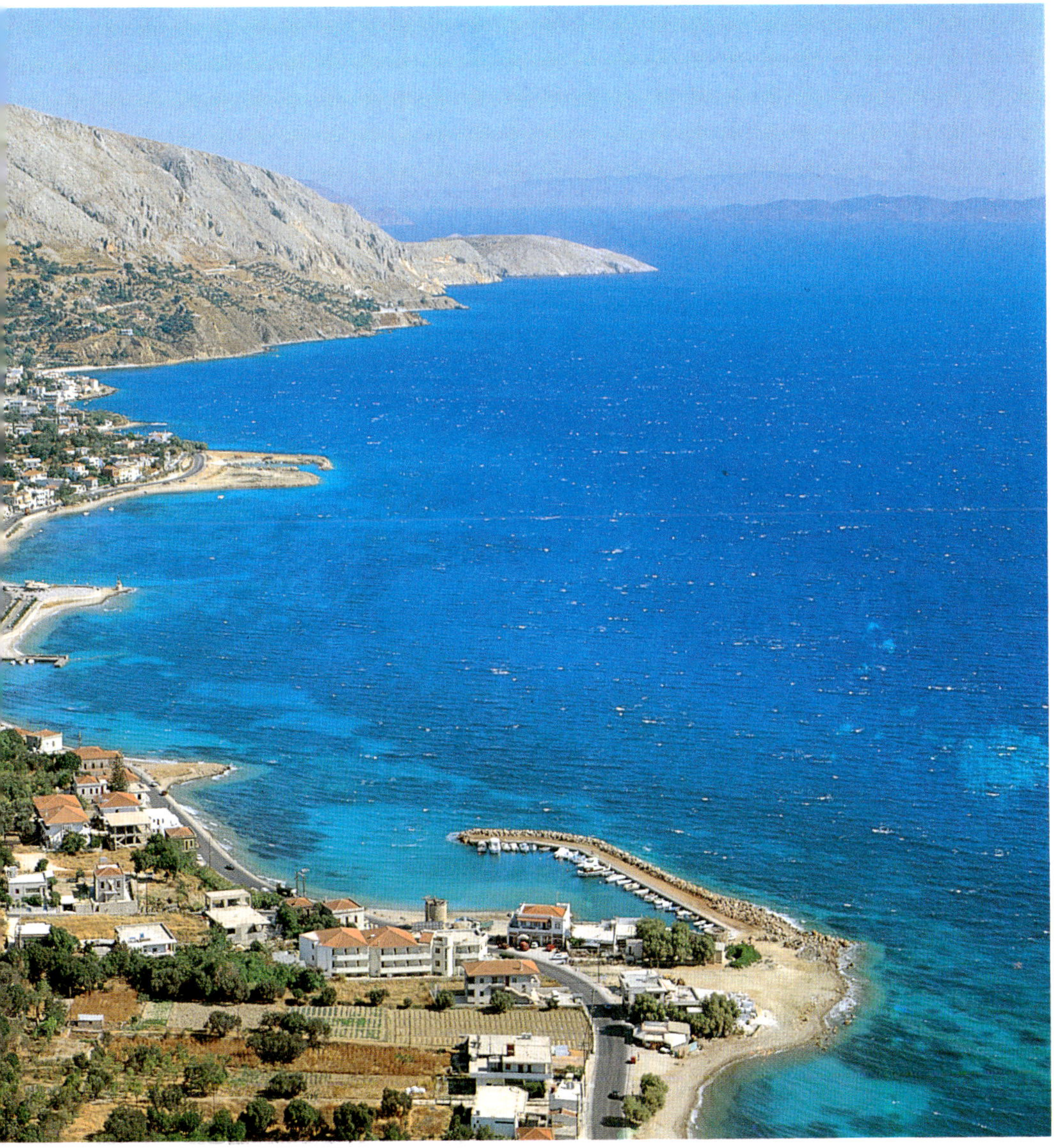

Daskalopetra - Sykiada

Es folgt der schöne Strand von Daskalopetra, auch Pascha´s Brunnen genannt. Das Gebiet befindet sich am Fuße des Berges Äpos, hat viele Quellwasser und eine üppige Vegetation.

Der Überlieferung nach sollen die Matrosen, die den erblindeten Homer von der gegenüberliegenden Küste Erythreas transportiert hatten, hier abgesetzt haben. Etwas weiter oben liegen **Daskalopetra***, Daskalio, Petra tu Omiru. Es handelt sich um einen großen Felsen, der an seinem oberen Ende zu einer Plattform ausgehauen wurde. Wie die Volksüberlieferung berichtet, hat Homer auf diesem Platz seine Schüler unterrichtet. An der Südwestseite existiert ein würfelförmiger Altar aus demselben Felsen gehauen, an dem beschädigte Reliefs zu sehen sind.*

Hinter Daskalopetra führt die Straße bergaufwärts, die Küsten werden steil abfallend. Auf einer ebenen Stelle, etwas weiter nach links, begegnen wir dem Marmorgrab des Philologen und Schriftstellers Jannis Psycharis, der 1929 starb.

Die Grabinschrift ist mit Versen und Zitaten von ihm versehen. Von diesem Ausblickspunkt kann der Besucher die ausgezeichnete Aussicht auf die umliegende Gegend, Wrontado und die Kleinasiatischen Küsten genießen. Auf dem weiteren Verlauf der Straße nach Norden finden wir das Kloster Myrsinidiu, auch **Panaghia Myrtidiotissa** *genannt. Fast bückt es sich über den Wellen und hängt am abgründigen Boden. Es blickt zurück auf eine 100-jährige Geschichte. In seiner Reliquienkammer werden Gebeinefächer und historische Gegenstände von Chios aufbewahrt. Die Landschaft nimmt eine wilde Schönheit an je dichter die Straße an den Felsen vorbeiführt. Wir passieren die Buchten Milinga und Aghios Ioannis Tholos mit der Anlegestelle für kleine Schiffe. Es folgt die Bucht und die Siedlung* **Pantukios***. Oberhalb Pantukios´ liegt* **Sykiada***, ein Dorf von Seeleuten mit alten und modernen Häusern. Seine Architektur ist einfach und bescheiden. Hier wuchsen früher viele Feigenbäume, die der Gegend ihren Namen gaben. Auf der Strecke zum nächsten Dorf sehen wir eine verlassene Siedlung, Kidianta genannt. In der Zeit der deutschen Besetzung war sie Ausgangsort griechischer Partisaneneinsätze. Heute steht dort ein Denkmal, das die Jüngeren an den Heldenmut der Chioten erinnert.*

Daskalopetra, Homer hat auf diesem Platz seine Schüler unterrichtet.

Langada

*Nach 3 Kilometer erscheint der kleine Hafen von **Langada**, angelegt am Ende einer breiten und fruchtbaren Schlucht. Von hier fahren regelmäßig Fischerboote nach Inusses. Das Gebiet ist voll von Olivenbäumen und Obstgärten. Die Häuser sind einfach, mit Ziegeldächern bedeckt, teils alt, teils modern. In dieser Gegend gibt es auch genügend alte Windmühlen. Oberhalb Langada erkennt man Agrelopos. Nach Langada, an der nächsten Bucht, die von der kleinen Insel Tavros geschlossen wird, an der Stelle Givari, das aus dem lateinischen vivarium kommt und Fischzucht bedeutet, befand sich das antike Delfini. Hier waren alle Voraussetzungen für den Bau einer Marinebasis vorhanden. Nach dem Historiker Thukidides besetzten und befestigten die Athener Delfini in einem Überraschungsangriff, als Versuch, ihr Bündnis mit den ionischen Städten und Chios, die sich seit 411 v.Chr. auf die Seite der Spartaner gestellt hatten, aufrechtzuerhalten.*

Oben: *Der malerische Hafen von Langada.*
Unten: *Luftaufnahme von Pantoukios.*

Kardamyla

*Die Straße führt weiter nach **Kardamyla**, eine sehr alte Siedlung Chios´ mit ständigem Leben. Es handelt sich um Ano Kardamyla, links am Hang, das früher schon existierte und Kato Kardamyla, alias Marmaro, eine malerische, jüngere Siedlung am Meer, errichtet in der Mitte der gleichnamigen Bucht und des kleinen Hafens. Etwas weiter entfernt, am selben Strand, liegt Rachi, eine andere neue Siedlung von Kardamyla. Die Bewohner des Dorfes waren früher Bauern und Viehzüchter, die sich später der See zuwandten.*

Aus dem Ort sind namhafte Seeleute und Reeder emporgegangen. In Kardamyla sind noch einige Überreste aus seiner jahrhundertealten Geschichte erhalten. Kurz vor dem Ortseingang von Nea Kardamyla gibt es die "Anhöhe der alten Frau" mit Ruinen mittelalterlicher Befestigungen aus drei Rundtürmen.

Der steile Abhang vervollständigt die Verteidigungslinie. Es sind aber auch Spuren einer sehr viel älteren Befestigung aus der hellenistischen Zeit vorhanden. Das Dorf war im Mittelalter und während der Türkenherrschaft eines der größten Dörfer von Nordchios. Kardamyla spielte eine bedeutende Rolle im Befreiungskrieg von 1821. Man erzählt, daß es den Türken nicht gelang, das Dorf zu besetzen. Die Architektur der Häuser ist auch hier von Bescheidenheit gekennzeichnet. Zweistöckige Häuschen mit Ziegeldächern, alt und neu, geben der Landschaft eine andere Färbung. Der 1979 gegründete Verein der Freunde des Fortschritts von Chios trägt zur Förderung der kulturellen Entwicklung des Dorfes mit wesentlichen künstlerischen und kulturellen Veranstaltungen bei.

Kato Kardamyla ist touristisch organisiert und bietet dem Besucher die Möglichkeit eines angenehmen Ferienaufenthaltes in reizvollen alten Häusern. Die Fischtavernen der Umgebung servieren ausgefallene Meeres-Leckerbissen und frischen Fisch.

Das Dorf und die Bucht Kardamyla.

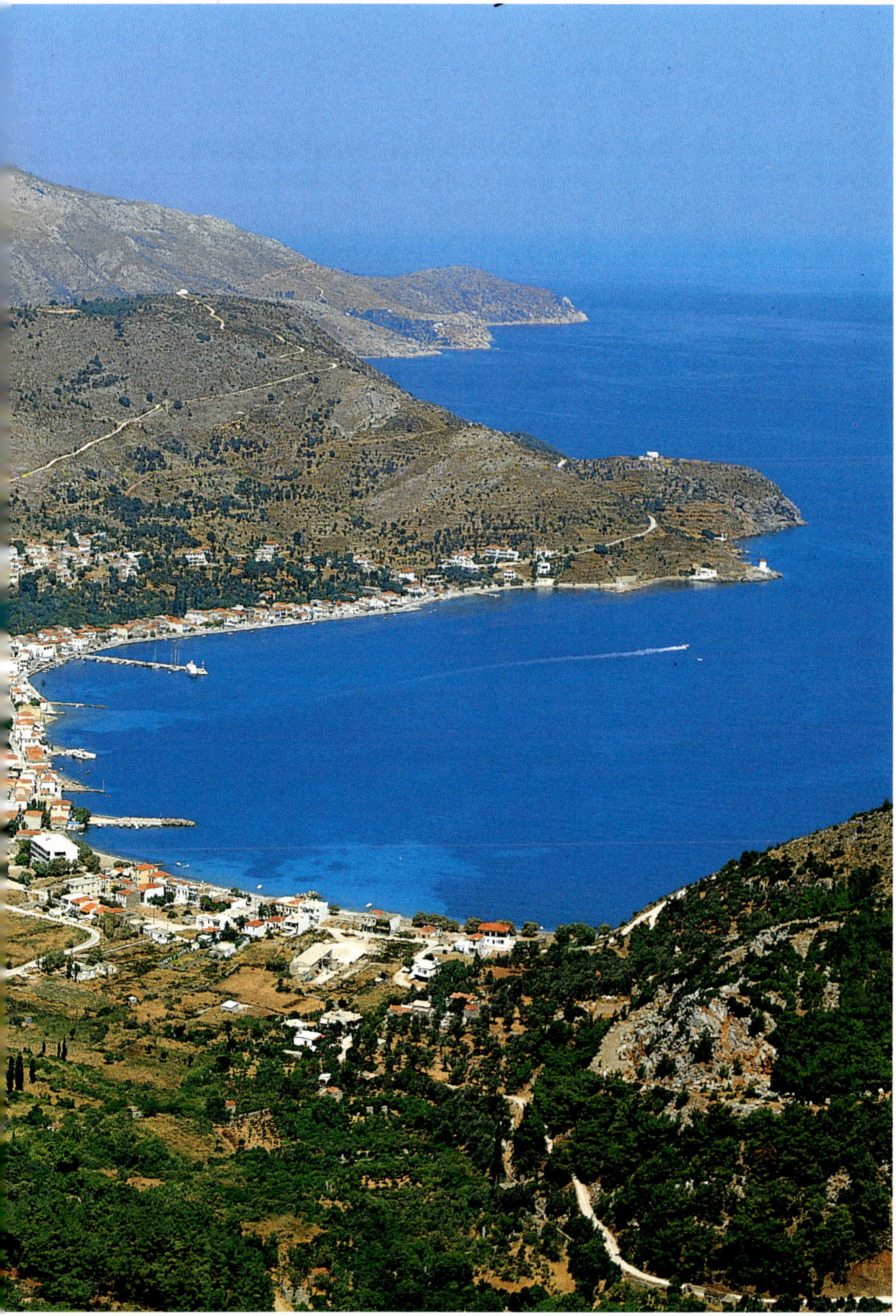

Andere Sehenswürdigkeiten im Gebiet Kardamyla sind die alte Siedlung von Spilia, die Kirchen **Aghios Nikolaos Prinaritis** und **Aghios Georgios** mit Fresken aus dem 16. Jahrhundert und einem schönen Glockenturm, die **Mariä-Himmelfahrtskirche**, die auf den Trümmern der älteren Kirche **Pera Panaghia**, gebaut wurde, das "Kapitäns" - Denkmal, errichtet von Thanassis Apartis sowie die malerische Mühle in Mavri Angali.

Nagos - Wiki - Fita

Sechs Kilometer nördlich erreicht die Straße das Gebiet von Nagos, eine kleine Oase mit Wasserquellen und üppiger Vegetation, die an der **Bucht von Nagos** mit dem wunderschönen Sandstrand endet.

Soinon Namen verdankt es den Funden eines alten Tempels, der 1921 ausgegraben wurde. Auf dieser Stelle hat man die Muttergotteskirche gebaut.

Eine malerische Bucht in Kardamyla.

Der kleine Strand von Nagos ist mit der blauen Fahne der Europäischen Union ausgezeichnet worden. Hier stehen auf den Felsen über dem Meer zwei kleine Hotelanlagen und zwei bis drei Fischtavernen. Nördlich davon liegt der schöne Strand von Yossonas oder Iasonas, wie er im Altertum hieß. Auch hier gibt es Quellwasser, die dem Berg Pelineo Oros entspringen. Deshalb ist auch hier die Gegend sehr fruchtbar.

Die Straße führt weiter nach Norden, wird zunehmend steil und abschüssig und entfernt sich von der Küste. Die Norddörfer, denen wir dort begegnen, haben keine gemeinsamen Charakteristika mit den Dörfern des Südens. Sie passen sich an die rauhe, wilde und gebirgige Umgebung an. Sie bestehen aus kleinen, sehr einfachen schmucklosen und nach freier Bauordnung erstellten Bauernhäusern. Für die Dachkonstruktion hat man statt gemauerter Kuppeln veredeltes Holz benutzt.

Das erste Dorf auf unserer Fahrt ist **Amades**. Dort ist eines der ältesten Altargeländer Chios' vorhanden. Drei Kilometer weiter folgt **Wiki** mit ganz wenigen Bewohnern. Hier gibt es noch Spuren mittelalterlicher dreieckiger Befestigung mit drei kleinen Türmen und einem Verteidigungsturm in der Mitte.

Nach sechs Kilometer erreichen wir Kambias, das kleinste Norddorf.

Diese drei Dörfer sind berühmt wegen ihrer besonders schmackvollen Kirschen. Von dort klettert die Straße auf den höchsten Gipfel Chios' bei 1297 m Höhe. Das nächste Dorf ist **Fita**, ausgestattet mit einem Verteidigungsturm aus dem Jahr 1516. Die Landschaft ist ausgesprochen gebirgig und hebt sich deutlich von der übrigen Landschaftsstruktur ab.

Nach **Kipuries** befindet sich in einem entlegenen Gebiet das **Kloster Mundon**, ein verlassenes Kloster zum Gedächtnis an Prodromos aus der byzantinischen Zeit.

Das Kloster erlebte eine große Blütezeit während der Türkenherrschaft. Es unterstand dem Exarchat Pyrgi-Wolissos. In der Klosterkirche ist eine Freske des bekannten Malers Konstantinos Katarraktis aus 1730 in gutem Zustand erhalten.

Pytios

Nach dem Dorf Diefchas finden wir die Hauptstraße Chora-Wolissos. Auf dem Rückweg nach Chora führt links eine andere Bergstraße nach Kardamyla, nachdem sie vorher das Dorf **Pityos**, eines der bedeutendsten Dörfer Nordchios' mit mittelalterlichem Charakter passiert hat.

Dort ist ein imposanter zweistöckiger Turm mit unregelmäßiger Form über einem Hang vorhanden. Auch sind hier Ruinen aus der perimetrischen Mauer zu sehen.

Die Bögen und Kuppeln, die wir hier auch in alten Häusern antreffen, deuten darauf hin, daß Pityos wie die Süddörfer Chios' errichtet worden war. Zurück zur Hauptstraße Chora-Wolissos fahren wir ostwärts nach Chora.

Wir durchqueren dabei die eigenartige, verlassene und kahle Hochebene von Äpos.

Auf einer Strecke von 25 km treffen wir keinerlei Spuren von Leben. Die ausgedörrte, fels und staudenreiche Landschaft wird an einigen Stellen von kleinen umzäunten Waldparks mit jungen Pinien unterbrochen.

Diese Parks sind von verschiedenen Trägern Chios' zur Wiederherstellung der Naturumwelt angelegt worden.

Dort, wo die Hochebene sich nach Osten ihrem Ende nähert, haben Ausgrabungen auf der linken Seite im Jahr 1952 einige Überreste einer alten Befestigung ans Tageslicht gebracht. Daraufhin taufte man den Ort in Rimokastro (einsame Burg) um. Der Blick vom Ende der Hochebene, ca. 500 m über dem Meeresspiegel, ist einmalig. Die Straße geht windelförmig an steilen Abhängen vorbei in Richtung auf Wrontado und die Vororte Chios´.

Gyaliskari, eine kleine bezaubernde Bucht im Nordwesten.

9

NORDWESTLICHES CHIOS

Berg Äpos - Katawassi - Sidirunda - Metochi
Wolissos - Aghia Markella - Aghios Galas

Die Hauptstraße von Chora nach Wolissos führt steil bergauf zur Hochebene von Äpos. Noch ein weiteres Mal breitet sich vor uns die unendliche Aussicht auf Kambos, Chios, die Ostküsten der Insel und das blaue ägäische Meer bis hin zu den Küsten Kleinasiens aus. Es ist ein traumhaft schöner Blick, wie aus einem Flugzeug. Nachdem der Besucher die kahle Hochebene durchquert hat, erreicht er Katawassi, ein kleines Dörflein an der schlangenförmigen Straße, die zu den schönen Westküsten führt. Etwas südlich davon liegt Sidirunda, eine alte, malerische Siedlung auf einer Anhöhe, von der aus das Meerwasser wie unzählige Diamanten unter dem Licht der griechischen Sonne glitzert. Etwas weiter entwickelt sich Metochi, eine neue, am Wasser gelegene Siedlung, zu einem Sommererholungsort mit anziehendem Strand. Nördlich von Katawassi führt die Straße nach Wolissos, das geschichtsträchtige Zentrum Nordchios´. Es handelt sich um eine malerische, kleine Ortschaft, errichtet an den Hängen eines Hügels, mit einer byzantinischen Burg auf dem Gipfel, die die Atmosphäre einer anderen Epoche ausstrahlt. Man sagt, daß Homer hier gelebt hat. Im Mittelalter war hier der bekannte General Welissarios zu Gast. Die Küsten von Wolissos bilden herrliche Sandstrände, wie Managros, Magemena, Lefkathia von den schönsten Chios´. Nördlich von Limnia, dem Hafen von Wolissos, befindet sich das berühmte Kloster der Heiligen Markella, die hier den Märtyrertod fand. Aber auch die Nordwestseite Chios´, die über eine von Wolissos abgehende Bergstraße zu erreichen ist, hat vieles dem Besucher zu bieten. Im Dorf Aghio Galas gibt es eine sehr alte Kirche, die Panaghia Aghiogalussäna, errichtet an einem Höhleneingang. Dort sind auch eindrucksvolle Stalaktiten sowie Spuren menschlichen Lebens aus der Steinzeit gefunden worden. Je mehr wir uns der Nordseite Chios´ nähern, desto stärker verändert sich die Landschaft. Unterwegs begegnen wir üppiger Vegetation und Bergwasserquellen. Dort zeichnen sich die kleinen Dörflein durch ihre einfache, volkstümliche Architektur aus. Die verlassenen Antimonium-Bergwerke bei Keramos geben dem Gebiet eine andere Dimension. Weiter in Richtung Nordküsten der Insel endet die Straße bei Aghiasmata und dessen warmen Heilquellen. Die Rückfahrt nach Wolissos von Potamia und dem Dorf Pispilunta führt an den Ruinen einer bedeutsamen mittelalterlichen Festung mit ausgedehnter Befestigung vorbei und löst beim Betrachter noch einmal das Gefühl der Nostalgie an jene Zeit aus.

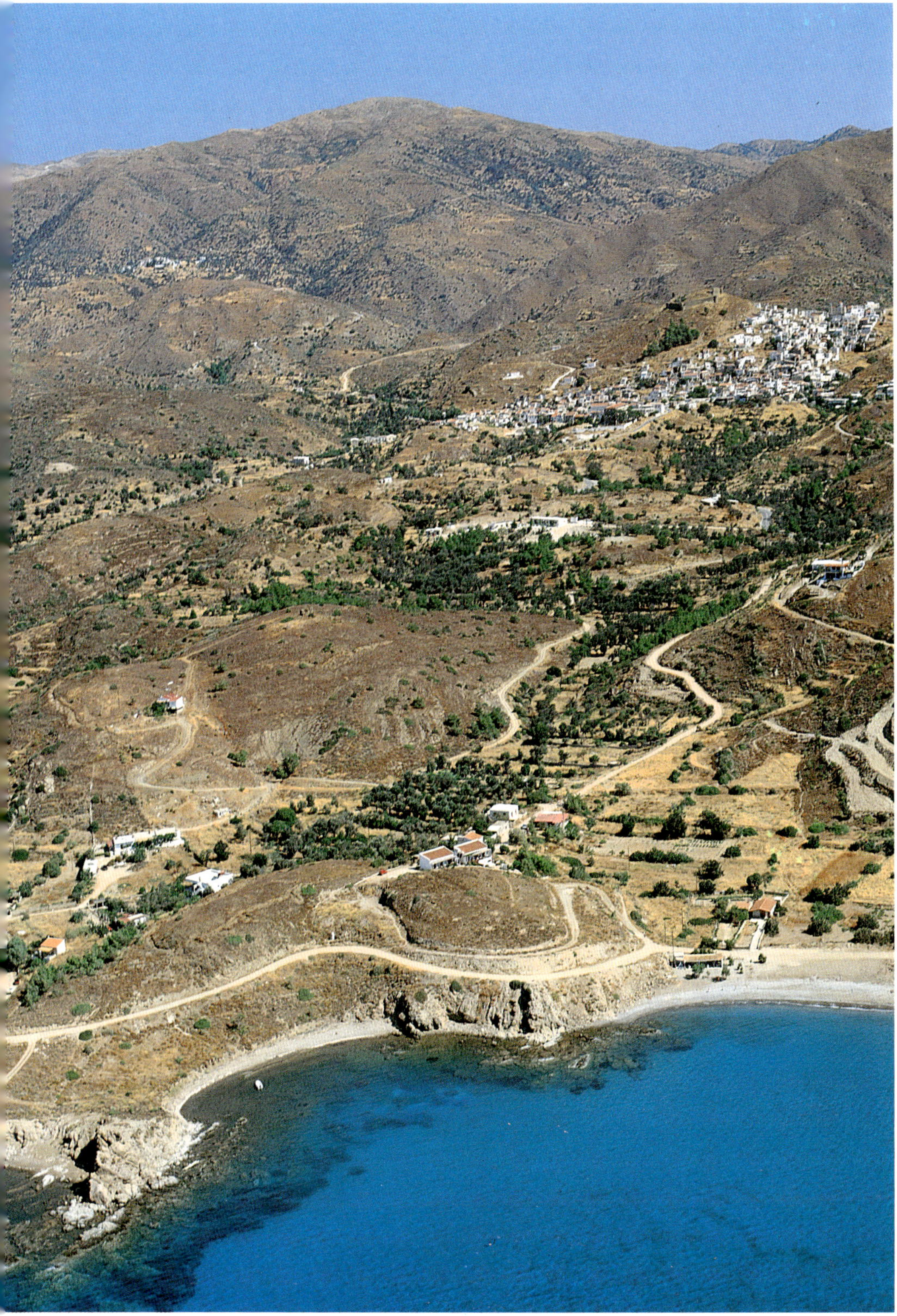

Katawassi - Sidirunda - Metochi

*Vom Inneren der Ortschaft Wrontados klettern wir auf der Straße, die sich an den Abhängen von Äpos entlang steil nach oben windet, und kommen an der verödeten Hochebene in westlicher Richtung vorbei. Das erste Dorf, dem wir auf unserer Talfahrt begegnen, ist **Katawassi**. Der Straße nach Süden folgend erreichen wir **Sidirunda**, eine kleine Siedlung auf einer Anhöhe über dem Meer mit schöner Aussicht. Etwas südlicher befindet sich der Hafen von Sidirunda, **Metochi**, mit einem lockenden Strand und einigen Landhäusern.*

Wolissos - Aghia Markella-Klöster

*Die andere Straße, nördlich von Katawassi, führt nach Wolissos, dem Zentrum der Norddörfer und Ort mit reicher geschichtlicher Vergangenheit seit dem Altertum. Man sagt, daß Homer hier gewesen ist, um die Kinder des Potentaten Chios zu lehren. Ein Ortspunkt wird sogar "das Haus Homers" genannt. Thukidides erwähnt, daß es hier eine alte ionische Stadt, Wolissos, gegeben haben soll. Errichtet an den Hängen eines Hügels und gekrönt von ihrer imposanten byzantinischen Burg beeindruckt **Wolissos** jeden Besucher auf den ersten Blick. Seine Häuser sind zum großen Teil renoviert worden und haben Flachziegeldächer. Enge Gassen, mit "Liladia", d.h. mit Meereskieseln bepflastert, sind das Hauptmerkmal des Dorfes. Die Burg soll, der Überlieferung nach, der byzantinische General Welissarios gebaut haben, als er blind wurde und die Schlachtfelder verlassen mußte, um sich hier niederzulassen. Die Burg verfügte über große und kleine Türme, Zisternen, Kirchen und andere Bauwerke, die unter den Ruinen alter Häuser zum Vorschein kamen.*

Im Mittelalter erlebte das Dorf eine große Blütezeit. Es war das reiche Zentrum Nordchios'. In den byzantinischen Jahren, unter Kaiser Wassilios I. dem Mazedonier (866-867) bekam Wolissos Schildwachen und Türme, Burgen und Kastells, um sich vor Piratenangriffen zu sichern. 921 wurde der byzantinische General Wardas Fokas nach Chios verbannt. Er ließ sich hier nieder, genauso wie später Michael V., Kalafatis. Nach und nach zogen viele königliche Familien von Konstantinopel nach Wolissos, wie die Familien Fokas, Mavrokordatos und Kanawutsis.

Anschließend verstärkten die Genueser noch mehr die Besfestigung des Dorfes, indem sie Türme auf hohen Hügeln über den Küsten bauten, um die Kontrolle über das gesamte Gebiet zu haben. Die Schildwachen wurden auch während der Türkenherrschaft bis 1778 benutzt. Dieses Städtchen war immer besonders gepflegt. Es hatte schicke Häuschen mit schönen Blumengärten, auch verfügte es über schöne öffentliche Gebäude und Straßen.

Zusammen mit Pyrgi und der kleinen Insel Psara gehörte Wolissos zum sog. Exarchat, das administrativ mal dem Patriarchat von Konstantinopel mal der Erzdiözese von Chios unterstand, bis es schließlich 1859 aufgelöst und das Dorf endgültig Chios angeschlossen wurde. Die Ebene von Wolissos, die zweitgrößte in ganz Chios und sehr fruchtbar, lieferte ein Viertel der Gesamtproduktion der Insel an Öl. Berühmt waren die Mandeln, die Feigen, die Hülsenfrüchte und die Getreidesorten aus diesem Gebiet.

Sehr verbreitet war in den byzantinischen Jahren auch die Seidenraupenzucht, aus der die berühmten Seidenstoffe von Chios stammen. Seit dem Altertum gab es hier reiche Weingärten, aus den der berühmte Wein "Ariussios" stammte, der auch von Plutarch und vielen römischen Schriftstellern erwähnt wird. Das Gebiet verfügt auch über Bodenschätze. Während der Türkenherrschaft unterhielt eine französische Gesellschaft Eisenhütten auf dem Berg Pantevgeno.

Um 1960 begann eine griechische Gesellschaft mit dem Abbau von Zink, Blei und Antimonium, stellte aber ihre Arbeiten sehr bald ein.

Aus Wolissos stammte auch die Heilige Markella, zu deren Gedenken das gleichnamige Kloster an einem der schönsten Strände des Dorfes errichtet wurde. Korais beschreibt Wolissos in seinem Werk "Papatrechas", in der Einleitung zur Ausgabe "Ilias", mit den schönsten Farben.

Wolissos, das von einer byzantinischen Festung überragt wird, hat auch sehr schöne Strände.

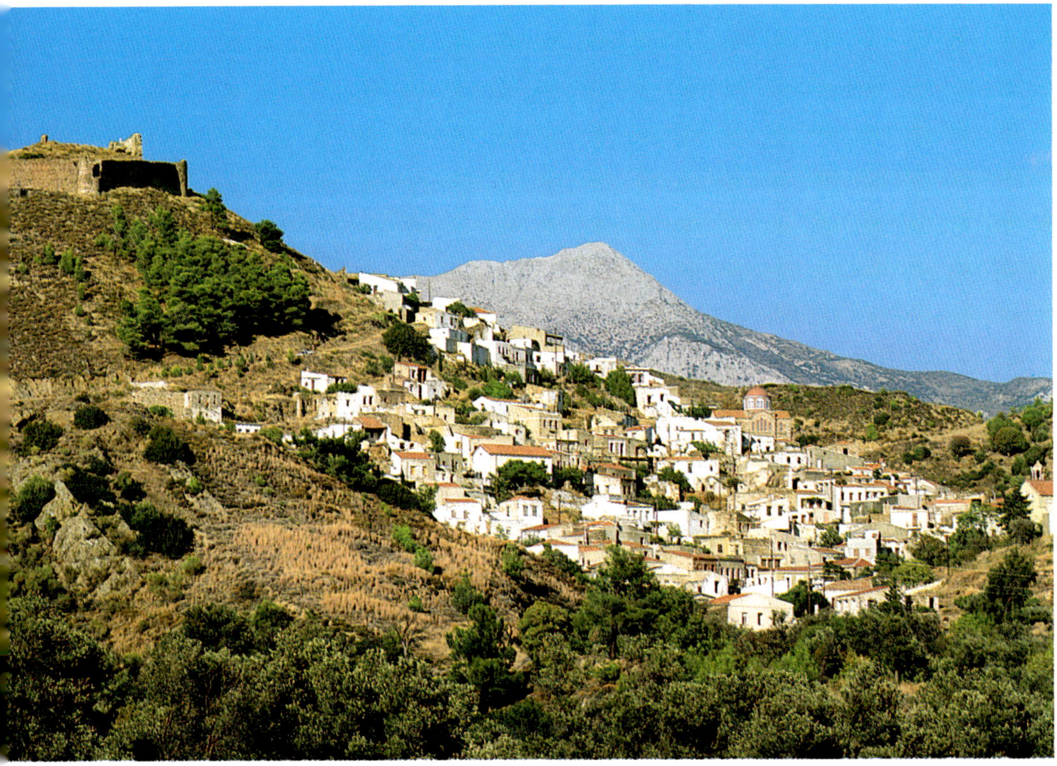

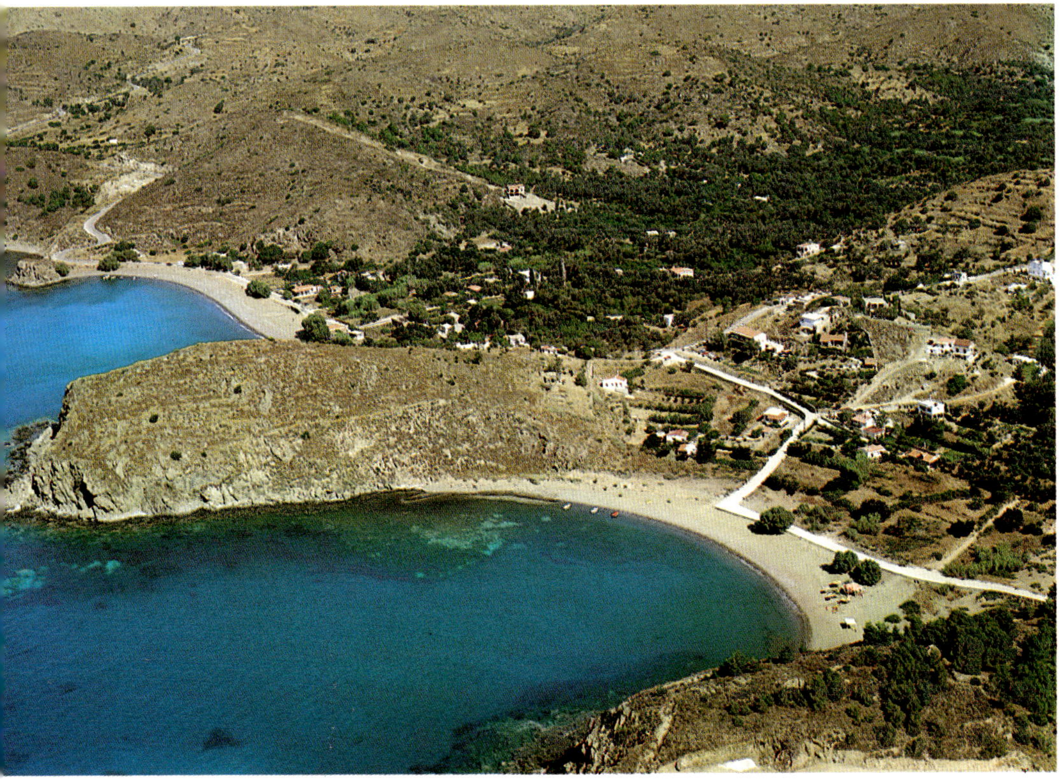

Die Westküsten von Wolissos bilden spitzenähnliche Strände, meist Sandstrände, ideal zum Schwimmen und Wassersport im kühlen Meer. Es handelt sich um Managros, wo es ständige Pfadfinderlager gibt. Ein weiterer, wunderschöner Strand ist Magemena. Es folgen die Strände Lefkathia und Limnos, letzterer mit kleinen Tavernen mit ausgezeichnetem Essen. Zwischen ihnen liegt Limnia, der malerische kleine Hafen von Wolissos mit seinen Fischerbooten und seinen leidenschaftlichen Fischern. Von hier fahren regelmäßig Boote zur gegenüberliegenden kleinen Insel Psara.

Weiter nördlich endet die Straße an einem anderen sehr schönen Strand, wo sich auch das Kloster der **Heiligen Markella** befindet. Die Spuren ihrer Märtyrerqualen sind heute noch erkennbar. Das Kloster feiert seinen Namenstag am 22. Juli. An diesem Tag wird es zur Pilgerstätte vieler Gläubigen.

Das Kloster Aghia Markella liegt an einem herrlichen Strand und besitzt eine wundertätige Ikone der Heiligen.

Aghio Galas

Von Wolissos führt die Straße in nordwestlicher Richtung über die Dörfer mit sehr schlichter Architektur Pirama, Tripes und Melanios zum Berg Amani. Dort begegnen wir zahlreichen kleinen Tälern, wenig beackert aber mit Wasser aus fließenden Bächen. Wir halten in **Aghio Galas** an, das 66 km von Chora entfernt ist. Hier steht am Eingang einer Höhle die kreuzförmig gebaute byzantinische Kirche, **Panaghia Aghiogalussäna** mit hoher, aus dem 13. - 14. Jahrhundert stammenden Kuppel. Weiter hinten gibt es eine andere kleinere Kirche.

Dieser Platz diente in der byzantinischen Zeit als Einsiedelei für Einsiedlermönche. Die Höhle kommuniziert mit zwei anderen größeren Grotten, die noch nicht völlig erforscht sind.

In diesem Gebiet haben Ausgrabungen kleineren Umfanges im Jahr 1939 neolithische Fragmente ans Tageslicht gebracht, die das Bestehen von Menschenleben seit der Steinzeit beweisen.

Das Dorf ist oberhalb der Höhle auf einer ebenen Stelle des Berges errichtet. Hinter Aghio Galas biegt die Straße nach Osten ab und passiert

Nenituria, Kurunia und Egrigoro. Die Landschaft wird schöner durch die an einigen Stellen vorhandene üppige Vegetation.

In der Nähe des Dorfes Keramos gibt es alte Antimoniumbergwerke und in Aghiasmata, an der Nordküste, entspringen dem Boden warme Heilquellen mit eisen- und schwefelhaltigem Wasser, die aber noch nicht genutzt werden.
Die Straße schließt den Kreis nach Wolissos, indem sie durch kleine Dörflein führt. Kurz hinter Potamia in östlicher Richtung und nach dem Dorf Pispilunda sind Spuren einer Festung mit zweistöckigem Turm, Zisternen, einem Kloster und einer Ringmauer vorhanden. Die Festung führt den eigenartigen Namen "tu Marku" und zeigt, daß sie Teil einer ausgedehnten Befestigung zum Schutz eines größeren Gebiets bildete. Sie wurde bei dem Massaker von 1822 verlassen. Von Wolissos treten wir die Rückfahrt nach Chios an und beenden unsere Wanderung durch die Insel.

Panaghia Aghiogalussäna, am Eingang einer Höhle. →

10 UMLIEGEND

Rund um die duftende Insel Chios sind mehrere kleinere und größere Inseln verstreut. Nordöstlich von Chios begegnen wir Inusses, einem kleinen Inselkomplex, von dem die größte Insel Inussa ist (Geburtsstätte zehlreicher Reeder) und westlich von Chios der geschichtlich bedeutsamen Insel Psara. Ferner gibt es die Inseln Margariti und Strowili nördlich von Chios, Aghios Stefanos und Pelagonissi nördlich des Hafens von Mesta.
Westlich der Inusses-Inseln treffen wir auf Prassonissia, östlich auf Passas und südöstlich auf Patikonissos und Watos. Westlich von Psara befinden sich die Antipsara und Aghios Nikolaos, im Nordwesten Mastrojorgis, im Nordosten Prassonissi und schließlich Katonissi, südlich Antipsara.

Die kleine Insel Aghios Stefanos mit der gleichnamigen Kapelle, ein malerischer Farbtupfer in den tiefbluane Gewässer der Aegäis vor der Westküste der Insel (Aghia Irini).

NSELN   Psara - Inusses

PSARA

Psara liegt 44 Seemeilen südlich des Hafens von Chios entfernt, mit dem es über kleine Fähren verbunden ist. Der Psara am nächsten gelegene Hafen ist Limnia Chiou (17 Sm). Psara ist eine kahle Insel mit einer Fläche von 40 Quadratkilometern und 460 Einwohnern. Zusammen mit der Nachbarinsel Antipsara und anderen unbewohnten Inselchen, wie Daskalio, Kato Nissi und Aghios Nikolaos bilden sie eine kleine Inselgruppe.

Geschichte

Im Altertum war die Insel unter dem Namen Psyra bekannt. Die glanzvollen Seiten ihrer Geschichte schrieb die Insel jedoch während des Freiheitskampfes von 1821. Sie war eine der ersten Inseln, die sich gegen die Türken erhoben und bildete damals die drittgrößte Seemacht nach Hydra und Spetses in Griechenland. Ihre Flotte mit ihren wagemütigen Führern von Brandschiffen Kanaris, Papanikolis und Pipinos bildete den Schrecken der Türken. Deshalb beschlossen die Türken, die kleine Insel auszurotten. 1824 griffen sie mit 140 Schiffen und 14.000 Janitscharen an. Es folgte ein harter, aber ungleicher Kampf, bei dem die Türken die Übermacht gewannen und die Insel besetzten. Die Bewohner, denen es gelang, zusammen mit Kanaris zu entkommen, gründeten auf Euböa die Ortschaft Nea Psara. Viele haben es vorgezogen zu sterben, indem sie die Munitionslager der Insel in die Luft sprengten. Der Rest wurde massakriert oder festgenommen und Psara wurde in Brand gesteckt. Die Zerstörung von Psara fand großen Widerhall bei den Philhellenen und veranlasste den nationalen Dichter Dionyssios Solomos, in seinem berühmten Gedicht zu schreiben:

"Auf Psara's pechschwarzem Gebirgskamm
schreitet Gloria allein ..."

Psara mußte schließlich bis 1912 warten, um an Griechenland angeschlossen zu werden.

Bekanntschaft mit der Insel

Der Besucher wird auf der Insel das ruhige Leben und die schönen Strände mit dem glasklaren Wasser genießen. Am malerischen kleinen Hafen von Psara finden Sie Hotels und einige Fremdenzimmer. Sie können dort das kleine archäologische Museum und das im 15. Jahrhundert erbaute Paliokastro (Alte Burg) besuchen.

Im Nordteil der Insel und am Hang des höchsten Berges, Prophet Elias, (530 m), befindet sich das Kloster Mariä Himmelfahrt mit einer bedeutenden Bibliothek, deren große Zahl von Büchern in Venedig gedruckt worden ist.

Die historische Insel Psara.

INUSSES

Wenn die Dunkelheit anbricht, sieht man vom Hafen Chios weit entfernt in nordöstlicher Richtung eine kleine Lichterkette, die sich auf der Meeresoberfläche widerspiegelt. Es ist das Inselchen Inussa. Man sieht es besser vom Schiff aus, das an ihm vorbeifährt, wenn es nach Mytilini geht. Man erkennt auch seine schneeweißen, gepflegten Häuser.

Auf dieser kleinen Insel scheint im Sommer viel Betrieb zu sein. Es ist die Zeit, zu der die aus Inussa stammenden Seeleute (viele von ihnen sind Reeder) sich dort versammeln, um ihre Sommerferien zu verbringen. Für die Besucher allerdings, die die schönen Buchten dieser Insel genießen möchten, beschränken sich die Unterkunftsmöglichkeiten in einem kleinen Hotel. Neben Inussa gibt es noch andere kleinere, unbewohnte Inselchen, die alle zusammen die Inselgruppe Inusses mit einer Gesamtfläche von 14 Quadratkilometern und 500 Einwohnern bilden. Vom Hafen Chios, zu dem es täglich Schiffsverbindung gibt, sind sie 9 Seemeilen entfernt.

Geschichte

Die Lage der Insel an der Enge zwischen Chios und Kleinasien machte sie interessant für die Venezianer und später für die Türken, die sie als Stützpunkt benutzten. Das gleiche taten aber zeitweise auch die Piraten.

Bekanntschaft mit der Insel

Ihre einzige Siedlung bildet eine Gemeinde. Es sind dort alte und viele neue "archontika" (Residenzen) der Schiffskapitäne vorhanden. Auch findet man dort einige bedeutende Kirchen und Landkapellen. Auf Inusses gibt es auch ein wichtiges Marinemuseum.
3 Kilometer nordwestlich befindet sich das Kloster der Mariä Verkündigung. Sehenswert ist die Kapelle Soodochos Pighi auf der kleinen Insel Passas.

Die Inseln Inusses.

Nützliche Informationen

Parallel zur Wahrung ihrer besonderen Couleur, ihrer natürlichen Umgebung und ihrer Lebensgewohnheiten sorgt die Insel Chios für den Ausbau ihres Tourismus. Die Unterbringung ihrer Besucher ist heute hauptsächlich in mittelgroßen Hotelanlagen sichergestellt. Die meisten von ihnen liegen an den Ostküsten der Insel, in der Stadt Chios, in Wrontados und in Karfas, der auch der modernste Ferienort ist und allen Ansprüchen auf einen angenehmen Aufenthalt gerecht wird. Darüberhinaus gibt es traditionsgerecht ausgestattete Gästezimmer in alten Residenzen im wunderschönen Kambos inmitten Grünanlagen und umgeben von dem berauschenden Duft der Obstgärten. In den meisten Dörfern der Insel, insbesondere in den am Wasser gelegenen, werden auch Fremdenzimmer und -wohnungen angeboten. Ferner besteht die Möglichkeit einer Unterkunft in urigen Häusern in den Mastixdörfern und in anderen Dörfern im Inneren der Insel. Das Meer wartet darauf, jeden Besucher in seinem glasklaren und kühlen Wasser gastfreundlich zu empfangen. Die Strände Chios' sind unzählig. Ob klein oder groß, ob mit Kieselsteinen oder Sandstrand, ob einsam oder bevölkert, jeder von ihnen hat seine eigene Schönheit und seinen eigenen Charme. Als Beispiel seien Mavros Gialos und Foki in Südchios, neben Emborio erwähnt, die mit ihren pechschwarzen Kieseln und ihrem dunklen Wasser einen besonderen Eindruck hinterlassen. Südlich der Stadt Chios erstreckt sich der riesenlange Strand von Karfas, es folgt Megas Limnionas, zwei der beliebtesten Strände der Insel. Weiter unten liegt der malerische Katarraktis und noch südlicher breitet sich der endlose Strand von Komi, in der Nähe von Mavros Gialos, aus.
Wir begegnen dann Kato Fana, einer kleinen, einsamen Sandbucht. Im Westteil der Insel, der touristisch wenig erschlossen ist, gibt es besonders schöne und ruhige Sandstrände, ideal zum Schwimmen und Fischen. Einige davon sind Aghia Irini, Lithi, etwas weiter oben Elinda, Lefkathia, Managros, Limnos und Aghia Markella bei Wolissos. Nordwestlich der Stadt Chios, im Vorort Wrontados, an einer der schönsten Küsten, steht eine von insgesamt zwei organisierten Badeanlagen, der Strand von Lo, der über alle modernen Annehmlichkeiten verfügt und Möglichkeit für Wassersport bietet.

Die einmaligen Stoffpuppen von Kalimassia.

Weiter nördlich bilden sich zahlreiche kleine Buchten mit anziehenden Stränden, wie Kato Kardamyla und Nago, ein kleiner herrlicher Kieselstrand am Ende eines mit Grün bewachsenen Tals. Das sind nur wenige von den phantastischen Stränden, die Sie selbst auf der Insel entdecken können. Wenn Sie zu denjenigen gehören, die die Erforschungen und die Spuren früherer romantischer Epochen lieben, kann Ihnen Chios viele ihrer interessanten Seiten zeigen und Ihnen einmalige Genüsse, nicht zuletzt auch kulinarische, bieten. An den meisten Küsten finden Sie Fischtavernen mit absolut frischem Fisch und Meeresfrüchten aus der Umgebung, aber auch mit unzähligen auserwählten griechischen und orientalischen "mesedes", begleitet von lokalem Wein und Ouso.

Man sollte nicht versäumen, die berühmten Süssigkeiten von Chios zu probieren. Diese "Glika tou koutaliou" genannten Köstlichkeiten werden aus Zitronenblüte, Bergamotte und Rosen hergestellt. Einheimische Produkte mit Mastix sind: Loukoumia, Mastichato, Bonbons, Pasteli und das frische Marzipan. Für den eigenen Gebrauch oder als Geschenk bieten sich die berühmten Seifen und Zahnpasten Mirovolos an, die mit Mastix hergestellt werden.

Und wenn Sie im Anschluss daran noch ihre Kauflust befriedigen wollen, sollten Sie daran denken, dass Chios über hervorragende Einkaufsmöglichkeiten verfügt. In der Geschäftsstrasse Aplotaria wird von Markenkleidung bis zu einheimischen Stickereien alles angeboten. Andenken und Geschenke findet man in reicher Auswahl in der Hafenstrasse und in den umliegenden Strassen. Sobald aber die Dunkelheit hereinbricht, zeigt sich Chios von einer besonders attraktiven Seite. In der Stadt Chios gibt es am Hafen zahlreiche Cafeterias, Ouzerien, Restaurants, Pizzerien und Bars. In Kontari, das etwas südlich der Stadt liegt, kann man sich in Lokalen mit Orchestermusik bis in die frühen Morgenstunden vergnügen. Etwas weiter entfernt ist das kosmopolitische Karfa, das an den Abenden von Leben pulsiert. In den Sommermonaten werden unterhalb der Burg interessante Konzerte veranstaltet. Im Park der Stadt gibt es ein Freiluftkino.

Chios erfüllt jedem Besucher alle Wünsche. Man erlebt und geniesst unvergessliche Uralubstage.

Wie anreise

Mit dem Flugzeug
Täglich Flüge Athen - Chios (35 - 40 Min.) das ganze Jahr hindurch. Der Flughafen ist 3 km von der Stadtmitte entfernt. Informationen: Olympic Airways Athen (Tel. 210-9666666), Olympic Airways Chios (Tel. 22710-24514), Flughafen Chios (Tel. 22710-23998).

Mit dem Schiff
Von Piräus gibt es täglich Fährschiffe nach Chios das ganze Jahr hindurch. Die Entfernung beträgt 153 Seemeilen, die Fahrt dauert - je nach Schiff - 5 bis 8,5 Stunden. Informationen: Hafenverwaltung Piräus (Tel. 210-4114785, 4172657), Schiffsagentur Piräus (Tel. 210-4177453, 4179822), Hafenverwaltung Chios (Tel. 22710-44433), Praktorio Naftiliaki Enosi Lesvou (N.E.L.): (22710) 41319, (22710) 23971. MINIOTIS LINES: 22710-24670

Verbindungen von Chios:
Mit dem Flugzeug nach Thessaloniki und Lesbos. Informationen: 22710 - 24515.
Die Fährschiffe fahren weiter nach Samos, Kalymnos, Kos, Rhodos, Kassos, Karpathos, Chalki, Sitia, Limnos, Alexandroupolis.
Es gibt auch direkte Schiffe nach Thessaloniki und Kavala. Informationen: Hafenverwaltung Chios (Tel. 22710 - 44433-4).

Zu den Nachbarinseln und in die Türkei:
Täglich Fährschiff nach Inusses. Schiffe nach Psara von Chios und Wolissos.
Täglich Fahrten nach Cesme in der Türkei.
Informationen: Hafenverwaltung Chios (Tel. 22710 - 44433-4).

Wichtige Telefonnumern in der Stadt Chios:
Hafenverwaltung: 22710 - 44433-4
Polizei: 22710 - 44426
Touristenpolizei: 22710 - 44427
Feuerwehr: 199
Touristeninformation der Stadt Chios:
22710 - 44389, 44344
Krankenhaus: 22710- 44303-5

Texte: L. XEROUTSIKOU, G. DESYPRIS
Künstlerische Betreuung: NORA ANASTASOGLOU, ANGELIKI SGOUROU
Fotografien: D. KOLIOPANOU, P. SPYROPOULOS, K. STAMOULIS,
A. TSARAVOPOULOS, M. TOUBIS S.A.

Herstellung - Druck: M. Toubis S.A.